Der wahnsinnig einfache Leitfaden zur Apple Watch Series 9, SE und Ultra

ERSTE SCHRITTE MIT DER APPLE WATCH 2023 UND WATCHOS 10

Scott La Counte

RIDICULOUSLY

ANAHEIM, KALIFORNIEN
www.RidiculouslySimpleBooks.com

ausschließlich für redaktionelle und pädagogische Zwecke verwendet.

Inhaltsübersicht

Haftungsausschluss: *Bitte beachten Sie, dass dieses Buch trotz aller Bemühungen um Genauigkeit nicht von Apple, Inc. unterstützt wird und als inoffiziell betrachtet werden sollte.*

EINFÜHRUNG

Entdecken Sie die komplizierten Details und Funktionen der bisher fortschrittlichsten Uhr von Apple, der Apple Watch Series 9. Egal, ob Sie die Apple Watch zum ersten Mal benutzen oder ein erfahrener Apple Watch Enthusiast sind, dieser Leitfaden bietet unschätzbare Einblicke für ein reibungsloses Erlebnis.

Das Buch richtet sich sowohl an Personen, die ein Upgrade durchführen, als auch an Personen, die es noch nie benutzt haben. Und im Gegensatz zu vielen anderen Leitfäden ist es auch in Farbe!

Im Inneren des Leitfadens:

- Einführung in die Apple Watch Series 9: Verstehen Sie die herausragenden Funktionen und Vorteile.
- Was ist neu in WatchOS 10?
- Die Unterschiede zwischen den verschiedenen Uhren
- Was die Apple Watch Series 9, SE und Ultra können (und nicht können)

- Gesundheits- und Fitness-Tracking: Entdecken Sie die Gesundheitsfunktionen der Uhr, einschließlich Blutsauerstoff- und Temperatursensoren.
- Kommunikation & Benachrichtigungen: Beherrschen Sie die Kommunikationsfunktionalitäten und passen Sie Ihre Benachrichtigungen an.
- Personalisierung: Personalisieren Sie Ihre Uhr nach Ihrem Geschmack.
- Visuelle Hilfen zur Beherrschung der Kommunikationsmittel und zur Anpassung der Benachrichtigungen.
- Detaillierte Bilder, die Ihnen helfen, die Ästhetik und Funktionalität Ihrer Uhr zu optimieren.
- Verwenden von Apple Pay mit Ihrer Apple Watch.
- Familieneinrichtung verwenden.
- Verwendung der App zum Händewaschen.
- Schlaf nachverfolgen.
- Finden, Installieren, Aktualisieren und Entfernen von Apps von Ihrer Apple Watch.

Für alle, die Technologie nutzen möchten, um vernetzt, gesund und aktiv zu bleiben, ist die Apple Watch Series 9 ein modernes Muss. In diesem Leitfaden erfahren Sie, wie Sie Ihre Smartwatch optimal nutzen können.

Sind Sie bereit, Ihre neue Apple Watch zu nutzen? Dann lass uns loslegen!

Hinweis: Dieses Buch wird nicht von Apple, Inc. unterstützt und sollte als inoffiziell betrachtet werden.

[1]

Was ist neu zur Apple Watch

watchOS 10

Eines der besten Dinge am Besitz eines Apple-Geräts sind die kostenlosen Updates. Normalerweise gibt es einmal im Jahr ein größeres Update für das Betriebssystem. Das bedeutet, dass Sie die meisten der besten Funktionen auch ohne den Kauf einer neuen Uhr nutzen können. Neuere Uhren haben vielleicht ein oder zwei exklusive Funktionen, aber die meisten Änderungen betreffen die

Hardware, d. h. sie sind vielleicht etwas schneller, funktionieren aber immer noch gleich.

Was macht watchOS 10 also besser? Werfen wir einen Blick auf einige der wichtigsten Funktionen von watchOS 10.

Lassen Sie uns zunächst über Smart Stack sprechen. Stellen Sie sich den Smart Stack als Ihren persönlichen Info-DJ auf dem Zifferblatt Ihrer Uhr vor. Du wählst deine Lieblings-Widgets aus, und die Uhr zeigt dir das an, was in diesem Moment am meisten Sinn macht - sei es das Wetter, dein nächstes Meeting oder wie du deine Fitnessziele erreichst (oder eben nicht erreichst).

Nächste: Verwaltung mobiler Geräte (MDM). Für den Laien verständlich? Unternehmen können ihre Apple Watches aus der Ferne einrichten und sichern. Sie können Apps bereitstellen, Einstellungen anpassen und sicherstellen, dass alles besser gesichert ist als Fort Knox - all das ist möglich.

Für die Outdoor-Typen - Radfahrer und Wanderer, ich schaue dich an - hat watchOS 10 neue Tracking-Funktionen. Leistungsabgabe, Höhenmeter, Herzfrequenzzonen - es hat alles, um sicherzustellen, dass deine Fahrten und Wanderungen nicht nur sicher sind, sondern auch eine Möglichkeit, dich zu verbessern.

Es gibt auch einige kleinere, unter der Haube liegende Updates, darunter: Bessere Akkulaufzeit (denn niemand hat Zeit für ständiges Aufladen), schnellere Leistung (denn wer wartet schon gerne?), neues haptisches Feedback (denn wer liebt es nicht, ein sanftes Antippen am Handgelenk zu spüren?) und Unterstützung für neue Sprachen (mehrsprachig für den Sieg!).

Änderungen an der Schnittstelle zu Apps

Alarme - Es ist fast dasselbe, nur größer. Als ob er über Nacht einen Wachstumsschub bekommen hätte.

App Store - Die Schaltfläche Suchen? Spielt jetzt oben links Verstecken und Suchen. Außerdem fühlen sich die Bildtitel jetzt an, als wären sie Kumpel, was das Browsen flüssiger macht.

Kalender - Sie haben die Farben ein wenig aufgepeppt. Und die Schaltfläche "Neu hinzufügen"? Ist vom Penthouse in den Keller umgezogen.

Kontakte - Schnellere Möglichkeiten zum Hinzufügen von Kontakten oder Einsehen von "My Card". Apropos, "Meine Karte" ist jetzt mit der NameDrop-Funktion auf der Uhr befreundet.

Herzfrequenz - Du hast dieses große schlagende Herz auf dem Bildschirm. Wische nach unten, und es ist wie das tägliche Tagebuch deines Herzens mit Ruhefrequenz, Gehdurchschnitt und mehr.

Home - Die Kameras stehen im Mittelpunkt, und die Tasten? Diesmal haben sie die richtige Größe.

Mail - Sie wollen, dass man mehr liest als schreibt. Die Schaltfläche "Verfassen" ist nicht mehr zeitgemäß.

Messages - Deine Kontakte haben jetzt Profilbilder! Es ist wie ein Mini-Facebook.

Musik - Sie haben die Schaltfläche "Jetzt anhören" in den Mittelpunkt gerückt, um Sie schnell mit tollen Musikstücken zu versorgen.

Nachrichten - Große Schlagzeilen und Bilder. Und jetzt blätterst du nach oben und unten, als würdest du eine Minizeitung lesen.

Geräusche - Größere Dezibel-Anzeige, die mit einer kleinen Hintergrundfarbe anzeigt, ob der Sound cool ist oder nicht.

Now Playing - Die Albumgrafik ist bescheidener geworden, und die Bedienelemente haben es in die Turnhalle geschafft. Oh, und die AirPlay-Taste? Sie sonnt sich oben.

Fotos - Spotlight auf Ihre Favoriten und Besonderheiten.

Podcasts - Es kennt dich! Öffnet Ihre zuletzt gehörte Folge. Außerdem gibt es einige gute Empfehlungen.

Fernbedienung - Weitere Geräte anzeigen und abspielen? Das ist wie die Schnellspur auf einer Autobahn.

Schlaf - Zeigt an, wie Sie geschlafen haben, aber wenn Sie auf Routine Wert legen, tippen Sie auf den Alarm, um zu Ihrem Zeitplan zu gelangen.

Stoppuhr - Kein Unsinn. Öffnet direkt die Stoppuhr-Aktion.

Timer - Schnelltasten für voreingestellte Timer und ein großes "+", wenn Sie etwas Besonderes wollen.

Wetter - Es ist wie eine Mini-Wetter-Galerie. Der Hintergrund und eine Farbkarte helfen dir, die Stimmung des Tages einzuschätzen.

Workout - Ein paar neue Farben und einige Optimierungen. Wie, "offene" Workouts? Jetzt sind sie wirklich offen.

Weltzeituhr - Es kommt darauf an, wo Sie sind. Aber ein Tippen? Und schon teleportierst du dich, um die Zeiten anderswo zu überprüfen. Und der

Hintergrund? Der passt sich der Stimmung an, egal wo du gerade guckst.

Kompatible Geräte

Diese kostenlosen Updates haben allerdings einen Haken: Sie müssen ein kompatibles Gerät besitzen. Die gute Nachricht ist, dass Ihre Uhr, auch wenn sie schon ein paar Jahre alt ist, immer noch kompatibel sein sollte. Im Folgenden finden Sie eine Liste der Geräte, die mit watchOS 10 kompatibel sind.

- Apple Watch Serie 4
- Apple Watch Serie 5
- Apple Watch SE
- Apple Watch Serie 6
- Apple Watch Serie 7
- Apple Watch Serie 8
- Apple Watch Serie 9
- Apple Watch Ultra
- Apple Watch Ultra 2

So viele Uhren

Die Apple Watch gibt es in mehreren verschiedenen Serien. Jede Uhr - von der ursprünglichen Apple Watch bis zur Series 9 und Ultra - ist mit allen Armbändern der vorherigen Generation kompatibel (*einige* neuere Armbänder sind jedoch nur mit der SE und Series 6 und höher kompatibel). Wenn du also eine originale Apple Watch hast, kannst du das teure Band, das du vielleicht gekauft hast, weiterhin verwenden. Auf Amazon und bei anderen Online-Händlern finden Sie auch Armbänder von Drittanbietern zu wesentlich günstigeren Preisen.

Das Milanese Loop Band von Apple, zum Beispiel, kostet 149 $; das folgende Beispiel sieht genauso aus, kostet aber weniger als 20 $! Die Qualität ist nicht die gleiche, aber wenn Sie nur etwas wollen, das gut aussieht, dann könnte dies eine gute Option sein. Auf Bänder gehe ich am Ende dieses Buches noch genauer ein.

Jede Version der Uhr ist in zwei Größen erhältlich: 38 mm und 42 mm bei früheren Modellen sowie 40 mm und 44 mm bei den Serien 4 bis 6 (und SE). Jede Version ist auch in Aluminium, Edelstahl und Titan erhältlich - Titan ist die teuerste Version.

Was ist der große Unterschied?

Mit Smartwatches verhält es sich wie mit Telefonen: Es gibt eine Vielzahl von Optionen, und sie sind in allen möglichen Formen und Größen erhältlich - und von allen möglichen Marken. Wenn man sie nebeneinander betrachtet, kann es manchmal unmöglich sein, sie zu unterscheiden. In diesem Abschnitt versuche ich, ein wenig Ordnung in den Wahnsinn zu bringen und dir zu helfen, sie zu unterscheiden, damit du weißt, welche Uhr am besten zu dir und deinem Lebensstil passt.

Die gute Nachricht ist, dass Sie eine Uhr wahrscheinlich nicht so oft aufrüsten müssen wie ein Telefon. Im Gegensatz zu Telefonen, bei denen man manchmal jedes Jahr aufrüstet, um die neuesten und besten Funktionen zu erhalten, werden Sie bei Uhren wahrscheinlich mindestens zwei Jahre lang mit der Uhr zufrieden sein - vielleicht sogar drei oder vier Jahre.

Apple Watch Series 9 vs. Apple Watch Ultra 2

Beginnen Sie mit den beiden Hauptuhren: der regulären Series 9 und der Ultra 2.

Diese Uhr ist ziemlich einfach zu verkaufen. Wenn du ein ernsthafter Athlet bist und sehr robuste Sportarten betreibst (z. B. Tieftauchen, Bergsteigen usw.), dann wirst du mit der Ultra 2 zufrieden sein; wenn du die Uhr für einfachere Dinge und leichtere Trainingseinheiten brauchst, dann wirst du mit der regulären Series 9 zufrieden sein. Der Grund dafür ist, dass die Ultra 2 im Grunde nur eine stärkere Uhr ist - sie ist dafür gedacht, stärkere Stöße zu verkraften und intensive Trainingseinheiten zu bewältigen.

Es gibt offensichtliche Größenunterschiede, die eher eine Frage der Vorliebe sind (manche Leute mögen den größeren Bildschirm, andere nicht), aber was ist mit dem Innenleben? Wie unterscheiden sie sich?

Die Series 9 verfügt über einen Edelstahlrahmen, eine Glasfront und eine Rückseite aus Keramik/Saphirglas und wiegt zwischen 42,3 g und 51,5 g. Sie verfügt über eine IP6X-Zertifizierung und ist bis zu 50 m wasserdicht, was ihre Zuverlässigkeit unter verschiedenen Bedingungen gewährleistet.

Im Gegensatz dazu ist das Ultra 2 robuster und hochwertiger gebaut und verfügt über einen Titanrahmen und Saphirglas auf der Vorder- und Rückseite. Das zusätzliche Gewicht von 61,4 g ist ein Indiz für die robustere Konstruktion. Beeindruckend ist die MIL-STD 810H-Zertifizierung, die Wasserdichtigkeit von 100 m und die Eignung zum Schwimmen und Tauchen in bis zu 40 m Tiefe, womit sie ihre überlegene Haltbarkeit und Vielseitigkeit in extremen Umgebungen unter Beweis stellt.

Die Apple Watch Series 9 ist mit einem Retina LTPO OLED-Display ausgestattet, das eine Spitzenhelligkeit von 2000 nits und eine Auflösung von 484 x 396 Pixeln (~326 ppi Dichte) bietet. Dies sorgt für eine lebendige und scharfe Darstellung, die durch den Schutz von Saphirkristallglas und eine Always-on-Display-Funktion ergänzt wird.

Das Ultra 2 erreicht jedoch eine beachtliche Spitzenhelligkeit von 3000 nits und eine höhere Auflösung von 502 x 410 Pixeln (~338 ppi). Die verbesserte Helligkeit und Auflösung führen zu einer verbesserten Sichtbarkeit und Klarheit, insbesondere bei direkter Sonneneinstrahlung.

Beide Uhren werden von Apples S9-Chipsatz angetrieben und laufen mit watchOS 10, was eine reibungslose und reaktionsschnelle Leistung bei allen Anwendungen gewährleistet. Die Dual-Core-CPU und die PowerVR-GPU sind bei beiden Modellen identisch und sorgen für ein nahtloses Benutzererlebnis und effiziente Multitasking-Funktionen.

Beide Modelle sind mit einer Reihe von Sensoren und Funktionen ausgestattet, darunter Beschleunigungsmesser, Gyroskop, Herzfrequenzmesser, Barometer, Höhenmesser, Kompass, SpO2, VO2max und Körpertemperaturmessung mit 0,01°-Genauigkeit. Befehle in natürlicher Sprache, Diktieren und Ultra Wideband 2 (UWB) Unterstützung sind weitere gemeinsame Funktionen.

Die Ultra 2 verfügt jedoch über zusätzliche Sensoren, darunter eine Wassertemperaturmessung und einen Tiefenmesser mit einer Genauigkeit von ±1 m, was sie zu einer hervorragenden Wahl für Taucher und Schwimmer macht. Die erweiterte Reichweite des ständig eingeschalteten Höhenmessers (-500m bis 9000m) macht sie außerdem zu einem vielseitigen Begleiter für Abenteurer und Fitnessbegeisterte.

Beide Uhren sind mit Lautsprechern ausgestattet, die Ultra 2 verfügt jedoch über zwei Lautsprecher mit einer Leistung von 86 Dezibel, die ein satteres und lauteres Klangerlebnis bieten. Die Konnektivitätsoptionen, darunter Wi-Fi, Bluetooth, NFC und mehrere Ortungssysteme, sind bei allen Modellen gleich, sodass eine genaue Standortbestimmung und eine nahtlose Kopplung mit anderen Geräten gewährleistet sind.

Das Ultra 2 hat einen deutlichen Vorteil bei der Akkukapazität: Es verfügt über einen nicht herausnehmbaren Li-Ionen-Akku mit 542 mAh im Vergleich zu 308 mAh beim Series 9. Das Ultra hat eine Akkulaufzeit von bis zu 36 Stunden - das Series 9 schafft etwa 18 Stunden.

Apple Watch Ultra 2 vs. Apple Watch Ultra

Man kann also sagen, dass das Ultra 2 das robustere Handy ist. Aber lohnt sich ein Upgrade, wenn man das Vorjahresmodell hat? Finden wir es heraus.

Auf den ersten Blick ähneln sich die Apple Watch Ultra und die Ultra 2 in ihrer Ästhetik, den

Abmessungen (49 x 44 x 14,4 mm) und dem Gewicht (61,3 g bzw. 61,4 g) sehr stark. Beide Modelle sind hochwertig verarbeitet und verfügen über eine Vorderseite aus Saphirglas, eine Rückseite aus Keramik/Saphirglas und einen widerstandsfähigen Titanrahmen.

Die Display-Spezifikationen bleiben in Bezug auf Größe und Auflösung konstant. Beide Modelle verfügen über ein 1,92 Zoll großes Retina LTPO OLED-Display mit einer Auflösung von 502 x 410 Pixeln (~338 ppi Dichte). Allerdings macht das Ultra 2 einen Sprung in der Helligkeit und bietet einen Spitzenwert von 3000 nits im Vergleich zu den 2000 nits des ursprünglichen Ultra. Das Ultra 2 wird also bei grellem Sonnenlicht viel besser abschneiden.

Unter der Haube ist das Ultra 2 mit dem Apple S9-Chipsatz ausgestattet, der einen Schritt weiter geht als der S8-Chipsatz im ursprünglichen Ultra. Beide Modelle verfügen über eine Dual-Core-CPU und einen PowerVR-Grafikprozessor. Das Ultra 2 wird mit watchOS 10 ausgeliefert, während das ursprüngliche Ultra, das mit watchOS 9.0 auf den Markt kam, auf watchOS 10 aktualisiert werden kann. Der fortschrittliche Chipsatz in der Ultra 2 bedeutet, dass sie härter und schneller arbeiten wird; aber Sie werden definitiv immer noch mit der Leistung der ersten Ultra zufrieden sein.

Eines der bemerkenswerten Upgrades des Ultra 2 ist die Verdoppelung der internen Speicherkapazität. Das neuere Modell bietet großzügige 64 GB, im Vergleich zu den 32 GB des ursprünglichen Ultra.

Beide Modelle sind gut mit Konnektivitätsfunktionen ausgestattet, darunter Wi-Fi, Bluetooth 5.3, NFC und Unterstützung für mehrere Ortungssysteme. Das Ultra 2 bietet jedoch Unterstützung für Ultra Wideband 2 (UWB), eine Verbesserung gegenüber dem Standard-UWB des ursprünglichen Modells. Dieser Fortschritt verspricht eine genauere räumliche Wahrnehmung und eine verbesserte Peer-to-Peer-Kommunikation zwischen Geräten.

Was die Akkulaufzeit betrifft, so verfügen beide Modelle über einen nicht entfernbaren 542-mAh-Li-Ionen-Akku, der kabelloses Laden unterstützt. Das Ultra 2 verspricht jedoch eine zusätzliche Laufzeit von 12 Stunden.

Lohnt sich das Upgrade also? Wenn Sie das Neueste und Beste wollen, auf jeden Fall! Aber wenn Sie das erste Ultra haben, werden Sie mit Ihrem aktuellen Modell zufrieden sein.

Apple Watch Series 9 vs. Apple Watch Series 8

Wir haben gerade den Unterschied zwischen den leistungsstärksten Uhren gesehen; was ist mit den normalen Uhren? Wenn Sie die Series 8 haben, sollten Sie dann auf die Series 9 aufrüsten? Werfen wir einen Blick darauf!

Die Serie 9 und die Serie 8 haben die gleichen Abmessungen (45 x 38 x 10,7 mm) und Gewichte (42,3 g bei 41 mm und 51,5 g bei 45 mm).

Beide Modelle verfügen über ein 1,9 Zoll großes Retina LTPO OLED-Display mit einer Auflösung von 484 x 396 Pixeln (~326 ppi). Die Series 9 bietet jedoch eine deutlich höhere Helligkeit von 2000 nits im Vergleich zu den 1000 nits der Series 8. Das bedeutet, dass die Series 9 bei starkem Sonnenlicht viel besser ablesbar sein wird.

Die Apple Watch Series 9 wird von dem neuen Apple S9 Chipsatz angetrieben, während die Series 8 mit dem S8 Chipsatz ausgestattet ist. Was bedeutet das? Die Series 9 wird ein bisschen schneller sein.

Ein bemerkenswertes Upgrade findet sich in der Speicherabteilung: Die Series 9 verfügt über 64 GB internen Speicher, eine deutliche Steigerung gegenüber den 32 GB der Series 8. Dank dieser Verbesserung können Benutzer mehr Anwendungen, Musik und Daten direkt auf dem Gerät speichern, was besonders für diejenigen von Vorteil ist, die einen aktiven und mobilen Lebensstil führen.

Beide Modelle zeichnen sich durch hervorragende Konnektivitätsoptionen aus und bieten Wi-Fi, Bluetooth 5.3, NFC und Unterstützung für mehrere Ortungssysteme. Die Serie 9 unterstützt Ultra Wideband 2 (UWB), eine Verbesserung gegenüber dem Standard-UWB der Serie 8, und verspricht eine verbesserte räumliche Wahrnehmung und Gerätekommunikation.

Beide Uhren legen den Schwerpunkt weiterhin auf Gesundheit und Fitness mit einer umfassenden Reihe von Sensoren zur Überwachung verschiedener Messwerte, einschließlich Herzfrequenz, SpO2, VO2max und Körpertemperatur. Die EKG-Zertifizierung und die Temperaturmessung mit 0,01°-Genauigkeit unterstreichen den Fokus auf die Gesundheitsüberwachung.

Die Apple Watch Series 9 entspricht in Design und Abmessungen der Series 8, bringt aber einige Verbesserungen mit sich, darunter ein helleres Display, einen fortschrittlichen Chipsatz und eine verdoppelte Speicherkapazität. Die Einführung der Ultra Wideband 2 (UWB)-Unterstützung zeichnet die Series 9 weiter aus. Beide Modelle sind eine gute Wahl für Technikbegeisterte, aber für diejenigen, die ein besonders helles und optimiertes Erlebnis suchen, ist die Series 9 ein lohnendes Upgrade. Aber auch hier gilt: Wenn Sie die Series 8 haben, werden Sie wahrscheinlich mit dem zufrieden sein, was Sie haben.

Apple Watch Series 9 bis Apple Watch SE (2022)

Es gibt noch eine letzte Uhr zu vergleichen: die SE. Die SE ist ein preiswerteres Modell, das Apple in der Regel alle zwei Jahre aufrüstet. Billiger heißt aber nicht gleich schlecht. Sehen wir uns in diesem Abschnitt an, was das genau bedeutet.

Auf den ersten Blick zeigen beide Uhren das charakteristische Design von Apple, allerdings mit subtilen Unterschieden. Die Series 9 misst 45 x 38 x 10,7 mm und ist damit etwas größer als die SE mit 44 x 38 x 10,7 mm. Die Series 9 ist schwerer, aber das wird durch die hochwertige Verarbeitung kompensiert, die aus einem Edelstahlrahmen und einem Keramik-/Saphirglasboden besteht, während die SE einen leichteren Aluminiumrahmen und einen Kunststoff-/Saphirglasboden aufweist.

Die Apple Watch Series 9 verfügt über ein 1,9-Zoll-Retina-LTPO-OLED-Display mit einer Spitzenhelligkeit von 2000 nits, das selbst bei direkter Sonneneinstrahlung eine lebendige und klare Darstellung gewährleistet. Im Vergleich dazu verfügt das SE über ein etwas kleineres 1,78-Zoll-Display mit einer Spitzenhelligkeit von 1000 nits. Außerdem ist das Series 9 mit Saphirkristallglas geschützt, während das SE mit Ion-X-gehärtetem Glas ausgestattet ist. Was bedeutet das? Die Series 9 ist etwas robuster und widerstandsfähiger gegen Kratzer, und sie ist bei starker Sonneneinstrahlung besser ablesbar.

Was die Speicherkapazität angeht, verdoppelt die Series 9 die Kapazität mit 64 GB im Vergleich zu den 32 GB des SE, was mehr Apps und Daten ermöglicht.

Beide Uhren zeichnen sich durch ihre Konnektivität aus und bieten Wi-Fi, Bluetooth 5.3, NFC und Unterstützung für verschiedene Ortungssysteme. Die Series 9 unterstützt jedoch Ultra Wideband 2 (UWB), was die räumliche Wahrnehmung und die Kommunikation zwischen Geräten verbessert.

Was die Gesundheits- und Fitnessüberwachung angeht, so bietet die Series 9 eine umfangreichere Palette an Sensoren, einschließlich EKG-Zertifizierung, SpO2, VO2max und fortschrittlicher Temperaturmessung, was sie zu einem vielseitigeren Begleiter für Gesundheitsbegeisterte macht.

Die Apple Watch Series 9 und die Apple Watch SE (2022) zeigen beide Apples Engagement für die Verbindung von Stil und Funktionalität. Während sich die SE an Nutzer richtet, die grundlegende Funktionen mit einem budgetfreundlichen Ansatz suchen, erweist sich die Series 9 als Premium-Wahl, die ein helleres und größeres Display, eine überlegene Verarbeitungsqualität, verbesserte Leistung und erweiterte Funktionen zur Gesundheitsüberwachung bietet. Wenn Sie die Uhr hauptsächlich kaufen, um Ihre Gesundheit zu überwachen, werden Sie wahrscheinlich froh sein, dass Sie für die reguläre Uhr extra bezahlt haben; wenn Sie nur ein kleines Budget haben und sich hauptsächlich um Ihre Fitness kümmern, wird die SE Ihren Anforderungen gerecht. Die SE wird auch oft für Familien beworben - eine Uhr, die Ihr Kind tragen kann, um mit Ihnen in Kontakt zu bleiben, so dass es sein Handy nicht braucht.

Apple Watch im Vergleich zu den anderen Marken

Wir haben gesehen, wie Apple gegen Apple vorgeht. Was ist mit den anderen Marken? Vor allem Google und Samsung. Wir werden uns das in diesem Abschnitt ansehen, aber lassen Sie mich zunächst Folgendes sagen: Wenn Sie ein iPhone haben, brauchen Sie eine Apple Watch; wenn Sie ein Android-Telefon haben, brauchen Sie eine Android-Uhr (d. h. Google und Samsung). Das liegt daran, dass Ihre Uhr mit Ihrem Telefon kommuniziert, und es gibt keine einfache Möglichkeit, eine Apple Watch mit einem Android-Telefon zu verwenden und umgekehrt.

Apple Watch Series 9 vs. Google Pixel Watch

Die Apple Watch Series 9 besticht durch ihr schlankes Design mit den Maßen 45 x 38 x 10,7 mm und ist in zwei Gewichtsvarianten erhältlich: 42,3 g und 51,5 g für die 41- bzw. 45-mm-Version. Die Uhr verfügt über einen Edelstahlrahmen, eine Glasfront und eine Rückseite aus Keramik/Saphirglas und ist nach IP6X zertifiziert und bis zu 50 m wasserdicht.

Im Gegensatz dazu weist die Google Pixel Watch ein symmetrischeres Design mit Abmessungen von 41 x 41 x 12,3 mm und einem geringeren Gewicht von 36 g auf. Sie verfügt über einen Edelstahlrahmen und eine Gorilla Glass 5-Front, die eine lange Lebensdauer und eine Wasserdichtigkeit von 50 m gemäß IP68-Zertifizierung verspricht.

Mit dem Retina LTPO OLED-Bildschirm, der eine beeindruckende Spitzenhelligkeit von 2000 nits auf einem 1,9-Zoll-Display bietet, ist Apple führend in der Displaytechnologie. Die Auflösung beträgt 484 x 396 Pixel (~326 ppi Dichte) und ist durch Saphirglas geschützt, was sowohl die Klarheit als auch die Haltbarkeit verbessert.

Die Pixel Watch verfügt über einen kleineren 1,2-Zoll-AMOLED-Bildschirm mit einer Spitzenhelligkeit von 1000 nits und einer Auflösung von 450 x 450 Pixeln (~320 ppi Dichte). Der Schutz durch Corning Gorilla Glass 5 sorgt dafür, dass das Display unempfindlich gegen Kratzer und Beschädigungen bleibt.

Die Apple Watch Series 9 bietet großzügige 64 GB internen Speicherplatz und verdoppelt damit die Kapazität der Google Pixel Watch, die mit 32 GB ausgestattet ist. Das bedeutet mehr Platz für Apps, Musik und andere Daten auf der Apple Watch und erhöht den Nutzen für Nutzer, die unterwegs mehr Speicherplatz benötigen.

Beide Uhren sind mit einer Vielzahl von Sensoren ausgestattet, darunter ein Beschleunigungsmesser, ein Gyroskop, ein Herzfrequenzmesser, ein Höhenmesser, ein Kompass und ein SpO2-Sensor, die sich an Gesundheits- und Fitnessbegeisterte richten. Die Apple Watch Series 9 geht jedoch noch einen Schritt weiter und bietet mit Funktionen wie EKG-Zertifizierung, VO2max, Körpertemperaturmessung mit 0,01°-Genauigkeit und einem ständig aktiven Höhenmesser ein umfassenderes Gesundheitstracking.

Sowohl die Apple Watch Series 9 als auch die Google Pixel Watch bieten robuste Funktionen und ein schlankes Design, was sie zu einer attraktiven Wahl für Technikbegeisterte macht. Die Apple Watch zeichnet sich durch Displayqualität, Speicherkapazität, Gesundheitsfunktionen und Konnektivität aus und ist damit ein umfassendes Paket für alle, die in das Apple-Ökosystem investieren.

Apple Watch Series 9 vs. Samsung Galaxy Watch 6

Die Apple Watch Series 9 hat ein schlankes und anspruchsvolles Design mit den Maßen 45 x 38 x 10,7 mm. Sie hat einen Edelstahlrahmen, eine Glasfront und eine Rückseite aus Keramik/Saphirglas und wiegt 42,3 g (41 mm) und 51,5 g (45 mm). Die Uhr ist IP6X-zertifiziert und bietet eine Wasserdichtigkeit von bis zu 50 m sowie eine EKG-Zertifizierung.

Die Samsung Galaxy Watch 6 weist eine etwas andere Ästhetik auf, mit Abmessungen von 42,8 x 44,4 x 9 mm und einem Aluminiumrahmen. Mit einem Gewicht von 33,3 g (44 mm) bzw. 28,7 g (40 mm) ist sie leichter als ihr Apple-Pendant und verfügt über MIL-STD-810H-Konformität*, IP68-Wasserdichtigkeit, EKG-Zertifizierung und einen Blutdruckmesser.

Apple bietet ein 1,9-Zoll Retina LTPO OLED-Display mit einer Spitzenhelligkeit von 2000 nits und einer Auflösung von 484 x 396 Pixeln (~326 ppi Dichte). Der Schutz durch Saphirkristallglas und die Always-on-Display-Funktion tragen zu einem erstklassigen Seherlebnis bei.

Im Vergleich dazu bietet Samsung ein 1,5-Zoll-Super-AMOLED-Display mit einer Auflösung von 480 x 480 Pixeln (~453 ppi Dichte). Das Display ist zwar kleiner, dafür aber gestochen scharf, lebendig und durch Saphirkristall geschützt, was Haltbarkeit und Klarheit garantiert.

Der Speicherplatz ist ein wesentlicher Unterschied zwischen den beiden Geräten. Die Apple Watch Series 9 bietet 64 GB internen Speicher und damit viermal so viel wie die Galaxy Watch 6 mit ihren 16 GB. Dieser Unterschied bedeutet mehr Platz für Apps, Musik und andere Daten und begünstigt Nutzer, die umfangreiche Speichermöglichkeiten benötigen.

Beide Uhren sind mit gesundheits- und fitnessorientierten Funktionen ausgestattet, darunter ein Beschleunigungsmesser, ein Kreisel, ein Herzfrequenzmesser, ein Barometer und ein Kompass. Die Apple Watch bietet zusätzlich SpO2, VO2max, Körpertemperaturmessung mit einer Genauigkeit von 0,01° und einen stets aktiven Höhenmesser.

Samsung fügt mit einem Blutdruckmessgerät und einem Hauttemperatur-Thermometer eine einzigartige Note hinzu und bietet so eine vielseitigere Erfahrung bei der Gesundheitsüberwachung. Beide Uhren unterstützen auch Befehle in natürlicher Sprache und Diktate, um die Interaktion mit dem Benutzer zu verbessern.

Die Apple Watch Series 9 und die Samsung Galaxy Watch 6, beide vollgepackt mit Funktionen und Spitzentechnologie, sind die Top-Konkurrenten auf dem Smartwatch-Markt. Apple glänzt mit seiner Display-Technologie, dem großen Speicherplatz und den umfassenden Gesundheitsfunktionen und spricht damit die Nutzer an, die tief in das Apple-Ökosystem eingebunden sind.

[3]

Verstehen, was die Apple Watch kann (und nicht kann)

Dieses Kapitel behandelt:

- Was die Apple Watch nicht kann
- Was die Apple Watch ohne ein iPhone in der Nähe tun wird
- Was die Apple Watch über Wi-Fi macht ohne ein iPhone in der Nähe
- Dies und jenes

Wenn Sie an die Uhr denken, haben Sie vielleicht bestimmte Erwartungen - vielleicht wollen Sie Netflix von Ihrem Handgelenk aus sehen oder FaceTime mit Ihren Freunden. Bevor ich also auf die Funktionsweise der Uhr eingehe, möchte ich kurz auf die wichtigsten Dinge eingehen, die die Uhr nicht kann (von denen manche Leute glauben, dass sie sie können) - und was sie kann.

DINGE, DIE DIE APPLE WATCH NICHT TUN WIRD...

- Videos abspielen; es kann sehr kleine Clips wiedergeben, aber planen Sie nicht, *den Herrn der Ringe* auf Ihrem Handgelenk zu sehen.
- Die Apple Watch kann Nachrichten über die eingebaute Vollbildtastatur eingeben. Jede andere Uhr? Sie werden mit Scribble to Type und Diktat arbeiten (mehr dazu später)
- Spiele spielen: Es gibt zwar Spiele für die Apple Watch, aber die Uhr ist ein Begleiter für das Telefon und zum Anzeigen von Kurznachrichten gedacht... nicht zum Spielen. Ja, Sie können Spiele spielen, aber das ist nicht das, was Sie wollen, um Ihre Spielbedürfnisse zu erfüllen.
- Synchronisierung mit Nicht-Apple-Telefonen; die Apple Watch funktioniert nur mit dem iPhone. Family Setup hat hier ein sehr großes *Aber* hinzugefügt. Mit Family Setup können Sie

Ihr iPhone verwenden, um andere Uhren einzurichten, was bedeutet, dass Sie die Uhr theoretisch auch ohne iPhone verwenden können; das ist toll für Kinder und einige Erwachsene. Aber wenn Sie sich wirklich für Fitness interessieren, dann möchten Sie wahrscheinlich die Möglichkeit haben, die Uhr mit Ihrem Telefon zu synchronisieren, und wenn Sie kein iPhone benutzen, wird das nicht möglich sein.

- Funktioniert auch mit älteren Handys; die Apple Watch ist für das iPhone 5 und höher geeignet.
- Funktioniert mit herkömmlichen Kopfhörern; es gibt keinen Audioeingang an der Apple Watch. Sie funktioniert auch mit Bluetooth Kopfhörern, aber diese sind nicht im Lieferumfang der Uhr enthalten.
- Nehmen Sie ein Foto auf. Sie können Fotos auf der Uhr anzeigen und sie sogar als externen Sucher verwenden, um ein Foto auf Ihrem iPhone aufzunehmen.

Apple Watch ohne ein iPhone in der Nähe

Um es ganz klar zu sagen: Sie müssen ein iPhone besitzen, um die Apple Watch nutzen zu können (es sei denn, Sie verwenden das Familien-Setup). Die Uhr ist nicht mit Android oder einem anderen Smartphone kompatibel. Aber Sie müssen Ihr iPhone nicht überallhin mitnehmen, um die Uhr zu verwenden. Und wenn Sie einen Mobilfunkanschluss auf der Uhr haben, können Sie hier noch mehr tun, ohne Ihr Telefon in der Nähe zu haben. Hier sind einige der Dinge, die Sie tun können, wenn Sie Ihr Telefon nicht in der Nähe haben:

- Stellen Sie die Zeit ein.
- Musik abspielen (Sie können bis zu 2 GB an Musiktiteln auf Ihrer Uhr speichern... oder anders ausgedrückt, das sind etwa 500 Titel).
- Verfolgen Sie Ihren Lauf bzw. Ihr Training - das Gerät zeichnet Dinge wie Kalorienverbrauch, Herzfrequenz, Entfernung und Tempo auf und synchronisiert diese Daten mit Ihrem Handy, wenn Sie es wieder in der Nähe haben.
- Erfassen Sie Ihre Stehzeit und Schritte.
- Sehen Sie sich Ihre Fotos an - 75 MB sind für Fotos reserviert.
- Lesen, löschen und kennzeichnen Sie eingegangene E-Mails.
- Verwenden Sie den Alarm, die Stoppuhr und den Timer.
- Verwenden Sie Passbook, um Tickets anzuzeigen (z. B. ein Flug- oder Konzertticket).
- Verwenden Sie Apple Pay um Dinge zu kaufen.

Wi-Fi Ohne iPhone

Und das können Sie tun, wenn Sie kein Telefon, aber Wi-Fi haben:

- Senden und empfangen Sie Textnachrichten und verwenden Sie digitale Touch-Nachrichten (z. B. Zeichnen und Tippen von Mustern, um sie als Nachricht zu versenden).
- Siri verwenden.

Dies und Das

Ein paar andere Dinge, die Sie vielleicht über die Uhr wissen sollten...

- Es dauert etwa zwei Stunden, um Ihre Apple Watch vollständig aufzuladen.
- Sie verbraucht die Batterie deines iPhones... sozusagen; da die Uhr mit deinem Telefon kommuniziert, wird die Batterie deines Telefons verbraucht. Das ist zwar nicht signifikant, aber es reicht aus, um am Ende des Tages 30 Minuten bis zu einer Stunde zu sparen, die vorher vorhanden waren.
- Es gibt eine Funktion auf dem Gerät, die sich "Taptic Engine" nennt - klingt doch toll, oder? Aber was ist das? Mit der Taptic Engine erhalten Sie eine Rückmeldung auf Ihr Handgelenk, die sich anfühlt, als würde Sie jemand antippen.
- Du kannst es als Telefon benutzen... sozusagen. Ja, es klingt sehr nach Dick Tracy, wenn man am Handgelenk telefoniert, aber seien Sie nicht zu begeistert - es ist etwas umständlich zu bedienen; um das Beste daraus zu machen, müssen Sie es wirklich an

den Mund halten. Und der Ton, der aus den Lautsprechern kommt, ist bestenfalls suboptimal.

- Es zeigt die Zeit an! Nun ja - das wussten Sie wahrscheinlich. Aber sie zeigt die Zeit auch sehr genau an (auf 50 Millisekunden genau), was sie zu einer der genauesten Uhren macht, die je hergestellt wurden.

[4]

WIE STELLE ICH DAS DING AUF?

Dieses Kapitel behandelt:

- Die Apple Watch zum ersten Mal einrichten
- Wiederherstellung von einer früheren Generation der Apple Watch

In diesem Kapitel geht es darum, das Gerät aus der Schachtel zu nehmen und es zum ersten Mal einzurichten. Möglicherweise können Sie dies auch tun, ohne zu lesen, wie. Wenn das der Fall ist, dann fahren Sie mit dem nächsten Kapitel fort - Sie werden hier nichts verpassen.

Der Vorgang ist recht einfach, aber wenn Sie wissen möchten, was in den einzelnen Schritten tatsächlich geschieht - z. B. warum die Frage nach dem Datenschutz gestellt wird -, dann lesen Sie weiter.

Ich bin kein Freund von Unboxings. Man weiß, was in der Schachtel ist, wenn man die Schachtel betrachtet. Aber bei der neuesten Apple Watch gibt es etwas sehr Wichtiges, das es wert ist, auf die Verpackung hingewiesen zu werden. Es geht nicht darum, was drin ist... sondern darum, was *nicht* drin ist. Ein Ladeadapter! Ein Ladekabel ist jedoch enthalten.

Im Bemühen um mehr Umweltfreundlichkeit hat Apple darauf verzichtet, dem Gerät Ladeadapter beizulegen.

Wenn Sie einen kaufen müssen, kostet der offizielle Adapter 19 $. Sie können nicht offizielle Adapter für weniger Geld kaufen, aber da sie nicht von Apple unterstützt werden, verwenden Sie sie auf eigene Gefahr.

Wenn Sie nur Ihre Uhr aktualisieren möchten, können Sie dies auf der Uhr selbst tun (Sie müssen es nicht mehr auf Ihrem iPhone tun, wie es bei den früheren Uhren der Fall war); gehen Sie einfach zur App "Einstellungen" > "Allgemein" > "Softwareaktualisierung.

HINWEIS FÜR BENUTZER, DIE EIN UPDATE DURCHFÜHREN: Wenn Sie Ihr iPhone und Ihre Uhr von einem früheren Betriebssystem aktualisieren, kann es sein, dass Sie Ihre Uhr neu formatieren müssen, damit sie synchronisiert werden kann. In diesem Fall müssen Sie auf Ihrer Uhr zu "Einstellungen" > "Allgemein" > "Zurücksetzen" gehen und dann auf "Alle Inhalte und Einstellungen löschen" tippen.

Dinge einrichten

Sobald Sie die Uhr aus dem Karton genommen haben, drücken Sie den seitlichen Knopf, um sie einzuschalten. Sie erhalten den folgenden Bildschirm:

Da die Apple Watch keine Tastaturen hat (außer bei der Series 7 und höher - aber nicht in der Einrichtung), ist die Einrichtung im Vergleich zu anderen Apple-Produkten ein wenig ungewöhnlich. Die Einrichtung der Uhr beginnt eigentlich nicht mit der Uhr, sondern mit dem iPhone.

Wenn Sie nicht mit iPhone iOS 12 und höher arbeiten, müssen Sie als Erstes Ihr Telefon aktualisieren (idealerweise sollten Sie iOS 14 auf Ihrem iPhone haben). Außerdem benötigen Sie mindestens ein iPhone 5 - alles darunter ist nicht kompatibel. Um herauszufinden, ob Ihr Telefon aktualisiert werden muss, gehen Sie auf dem iPhone auf Einstellungen, dann Allgemein und schließlich Softwareaktualisierung-Dort wird Ihnen angezeigt, ob Ihr Telefon auf dem neuesten Stand ist.

Wenn Sie auf dem neuesten Stand sind, gehen Sie zur Watch-App und tippen Sie auf Pairing starten. Daraufhin wird der unten stehende Einrichtungsbildschirm angezeigt.

Platzieren Sie Ihre Uhr (stellen Sie sicher, dass sie eingeschaltet ist) in diesem quadratischen Feld.

Sie werden feststellen, dass Ihre Uhr jetzt ein bewegtes Bild auf dem Bildschirm hat. Nach ein paar Sekunden wird angezeigt, dass Ihre Uhr gekoppelt ist.

Von hier aus können Sie entweder eine Sicherung wiederherstellen oder eine neue Uhr einrichten. Wenn Sie noch nie eine Apple Watch besessen haben (oder neu anfangen möchten), wählen Sie die zweite Option. Wenn Sie bereits eine frühere Generation besessen haben, wählen Sie die erste Option (dadurch werden alle Einstellungen Ihrer alten Uhr auf Ihre neue Uhr übertragen). In der Annahme, dass Sie die Uhr als neue Uhr einrichten, werden Sie im nächsten Bildschirm gefragt, ob Sie die Uhr am linken oder rechten Handgelenk tragen. Je nach Ihrer Antwort ändert sich die Ausrichtung der Uhr (Sie können dies später ändern).

Als nächstes müssen Sie den Bedingungen zustimmen. Lesen Sie sich die Bedingungen gründlich durch - und geben Sie sie dann Ihrem Anwalt, um ihn nach seiner Meinung zu fragen... oder klicken Sie einfach auf "Zustimmen", wie alle anderen auch. Nachdem du den Bedingungen zugestimmt hast, erhältst du eine Meldung, dass einige Apps Dinge wie deinen Standort verwenden werden. Das hört sich beängstigend an, aber im Grunde bedeutet es, dass eine App, die Sie für eine Wegbeschreibung verwenden möchten, zuerst wissen muss, wo Sie sich befinden. Ihre einzige Möglichkeit ist, auf OK zu klicken.

Nachdem Sie zugestimmt haben, Ihren Standort mit Apps zu teilen, müssen Sie einen Passcode hinzufügen. Dies funktioniert ähnlich wie bei Ihrem Telefon (bevor Ihr Telefon über einen Fingerabdruck zum Entsperren oder Face ID verfügte). Sie müssen keinen Passcode hinzufügen. Das Hinzufügen eines Passcodes schützt Ihre Uhr davor, dass jemand sie stiehlt und dann benutzt.

Bricht Apple mit dieser Einstellung Ihr Herz? Der nächste Bildschirm wird Ihnen helfen, es zu erkennen! Hier erfahren Sie alles über die neue Herzüberwachungsfunktion. Lesen Sie es und klicken Sie dann auf Weiter.

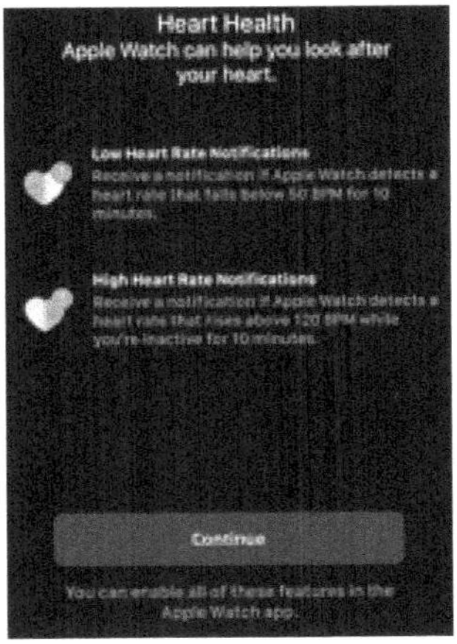

Das nächste ist SOS. Mit dieser Funktion können Sie Ihre Kontakte per SMS benachrichtigen, wenn Sie in Schwierigkeiten sind. Das ist so etwas wie Apples Version von "Ich bin gestürzt und kann nicht mehr aufstehen". Lesen Sie den Text und klicken Sie auf Weiter, um fortzufahren.

Sie haben es vielleicht nicht gewusst, aber viele Ihrer Lieblings-Apps haben bereits Watch-Apps. Sie können alles hinzufügen, was Sie bereits besitzen, oder es später auswählen. Ich persönlich würde vorsichtig sein, alle Apps auszuwählen. Das ist die einfachste Option, aber du wirst wahrscheinlich feststellen, dass viele deiner Lieblings-Apps auf deinem Handgelenk irgendwie sinnlos sind.

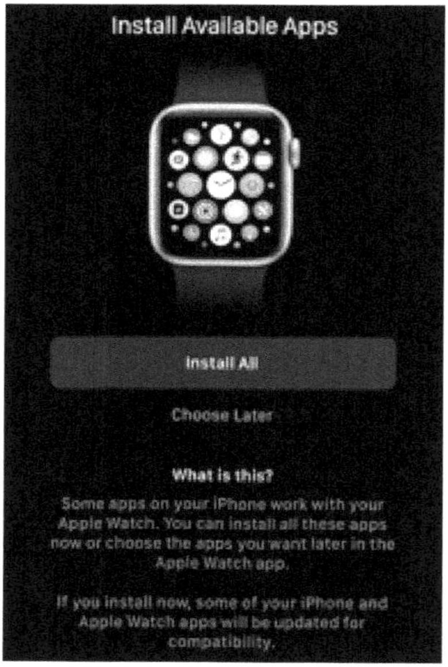

Sie sind so gut wie fertig. Ihr Telefon und Ihre Uhr werden jetzt mit allen Einstellungen synchronisiert, die Sie gerade ausgewählt haben. Wenn Sie sich entschieden haben, alle Apps zu installieren, dauert dies ein paar Minuten. Währenddessen werden Sie wahrscheinlich auch eine Nachricht darüber erhalten, dass Ihr Telefon und Ihre Uhr jetzt Textnachrichten austauschen - das bedeutet, wenn Ihnen jemand eine SMS schickt, erhalten Sie diese auch auf Ihrem Handgelenk.

Sowohl auf Ihrem Telefon als auch auf Ihrer Uhr wird nun eine Meldung angezeigt, dass der Vorgang abgeschlossen ist. Sie können jetzt Ihre Uhr benutzen!

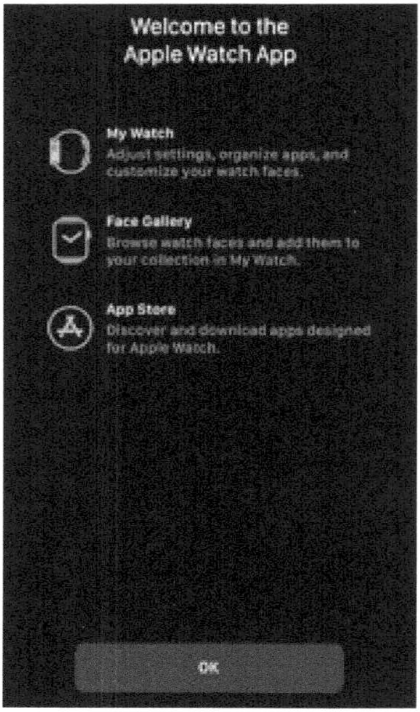
Welcome to the
Apple Watch App
My Watch
Adjust settings, organize apps, and customize your watch faces.
Face Gallery
Browse watch faces and add them to your collection in My Watch.
App Store
Discover and download apps designed for Apple Watch.
OK

[5]

Genug mit der Einrichtung! Zeigen Sie mir, wie man es benutzt!

Dieses Kapitel behandelt:

- Anpassen der Einstellungen
- Was die Statussymbole darstellen
- Was ist mit Force Touch passiert??
- Gesten und Tastenkombinationen
- Anordnen von Symbolen
- Weitergabe zwischen Apple Watch und iPhone

Die Einrichtung ist ziemlich selbsterklärend, oder? Worauf du *wirklich* wartest, ist, wie du das Ding benutzen kannst! Also lasst uns loslegen!

Aktionstaste

Bevor ich zu sehr auf all die brillanten Funktionen eingehe, muss ich eine Sache erwähnen: die Aktionstaste.

Wenn Sie ein Video vom Ultra gesehen haben - oder ihn vielleicht sogar persönlich gesehen haben - ist Ihnen vielleicht aufgefallen, dass er eine zusätzliche Taste hat. Das ist der "Action Button". Er ist exklusiv für die Apple Watch Ultra.

Was ist es? Was soll es denn sein? Das liegt daran, dass sie ziemlich anpassbar ist. Das Ziel des Knopfes ist es, als Abkürzung zu fungieren, damit du schnell irgendwo hinkommst. Da sich die Uhr an Menschen richtet, die Extremsportarten ausüben, können sie so sicherstellen, dass sie die am meisten benötigte Funktion erreichen, ohne darüber nachdenken zu müssen.

Einschalten, Aufwachen und Entsperren

Um Ihre Uhr einzuschalten, halten Sie den seitlichen Knopf gedrückt, bis das Apple-Logo erscheint. Um sie auszuschalten, halten Sie den seitlichen Knopf gedrückt, bis ein Schieberegler erscheint, den Sie zum Ausschalten nach rechts ziehen müssen.

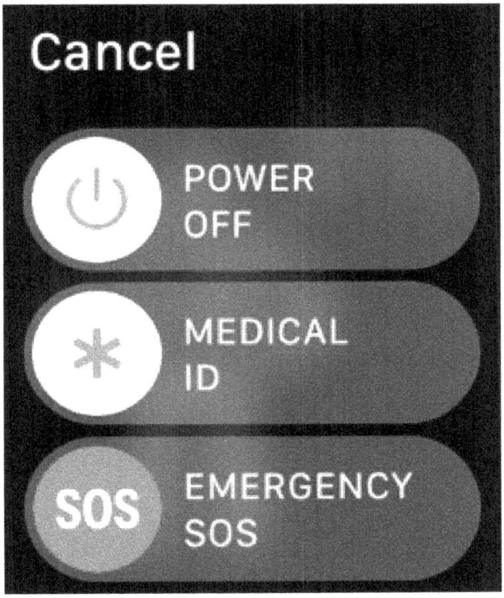

Das Ausschalten Ihrer Uhr aus dem Standby-Modus geht ganz leicht von der Hand - Sie müssen nur Ihr Handgelenk anheben! Das ist doch ganz einfach, oder? Genauso einfach ist es, den Standby-Modus wieder einzuschalten - legen Sie Ihr Handgelenk ab.

Wenn Sie Ihr Handgelenk anheben und der Standby-Modus nicht ausgeschaltet wird, haben Sie möglicherweise eine Einstellung geändert. Öffnen Sie die Schaltfläche "Einstellungen" auf der Startseite Ihrer Uhr (sie sieht genauso aus wie die Schaltfläche auf Ihrem Telefon, ist aber rund), und gehen Sie dann zu "Allgemein" und "Ausrichtung".-Vergewissern Sie sich, dass die Ausrichtung auf das Handgelenk eingestellt ist, das Sie tragen - wenn Sie die Uhr beispielsweise an der rechten Hand tragen und die Ausrichtung auf die linke Hand eingestellt ist, dann ändern Sie dies. Eine andere Möglichkeit ist, dass der Akku leer ist.

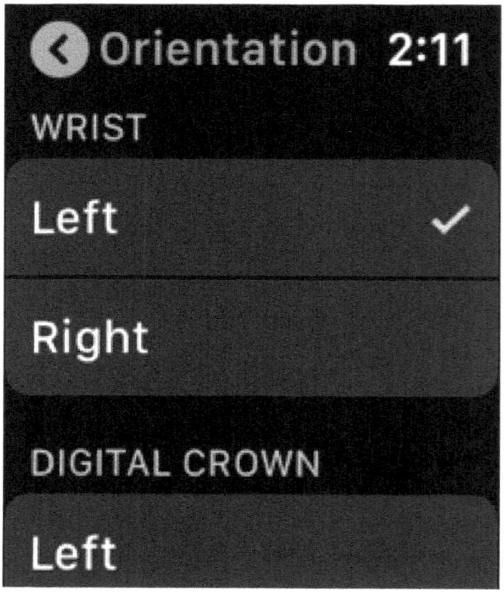

Wenn Sie Ihr Handgelenk anheben, zeigt die Uhr entweder Ihr Zifferblatt (d. h. die Uhrzeit) oder die zuletzt geöffnete App an. Standardmäßig wird das Zifferblatt angezeigt, aber wenn Sie möchten, dass die Uhr zu Ihrer letzten Aktivität wechselt, gehen Sie zu Einstellungen, dann Allgemein und schließlich Bildschirm aufwecken - wenn Sie darauf tippen, wählen Sie Vorherige Aktivität fortsetzen.

Sie haben auch die Möglichkeit, die Uhr mit Ihrem Telefon über einen Passcode zu entsperren. Dies ist eine großartige Funktion, wenn Sie Ihre Uhr oft ablegen. Das bedeutet nicht, dass Sie jedes Mal einen Passcode eingeben müssen, wenn Sie auf die Uhr schauen, sondern nur, wenn die Uhr nicht am Handgelenk getragen wird oder zu locker sitzt. Der Passcode kann der gleiche sein wie der des Telefons, aber es wird empfohlen, einen anderen Code zu verwenden. Um den Passcode zu aktivieren, gehen Sie auf der Startseite Ihrer Uhr zu "Einstellungen" und scrollen Sie nach unten, bis Sie "Passcode" sehen, und tippen Sie darauf. Tippen Sie auf Mit iPhone entsperren. Wenn Sie den Code ändern möchten, befolgen Sie einfach die gleichen Schritte, tippen Sie aber auf Passcode ändern.

Sollten Sie Ihren Passcode einmal vergessen, trennen Sie die Verbindung zwischen Ihrer Uhr und dem iPhone und löschen Sie alle Einstellungen.

Anpassen der Textgröße, HelligkeitTöneund Haptik

Ich hoffe, ihr mögt die Einstellungen, denn dort werden wir in diesem Abschnitt bleiben!

Die Apple Watch ist wahrscheinlich kleiner, als Sie es gewohnt sind, wenn Sie Nachrichten, E-Mails, News usw. lesen; wenn sie zu klein ist, können Sie den Text größer machen, indem Sie zu Helligkeit und Textgrößetippen Sie auf Textgröße und verwenden Sie dann den Regler der Digital Crown um den Wert zu erhöhen oder zu verringern. Sie können auch aktivieren oder deaktivieren, dass der

Text fett gedruckt wird. (Hinweis: Bevor die Fettschrift aktiviert wird, muss die Uhr zurückgesetzt werden).

In diesem Menü können Sie auch einstellen, wie hell die Uhr ist.

Wenn Sie die Standardtöne auf Ihrer Uhr nicht mögen, gehen Sie zu Sounds & Haptik im Menü Einstellungen. Verwenden Sie die digitale Krone um die Lautstärke einzustellen. Sie können die Töne auch stummschalten, indem Sie in den Lautlos-Modus wechseln. (Hinweis: Die Stummschaltung schaltet den Ton bei Alarmen nicht aus).

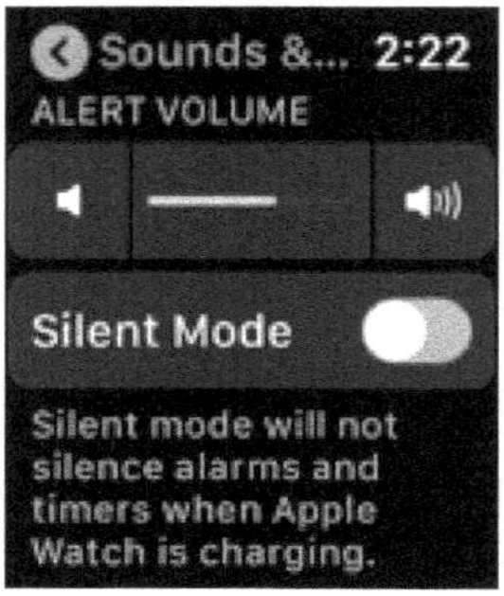

Bei einigen Benachrichtigungen erhalten Sie einen Tipp auf Ihr Handgelenk, den Sie entweder mögen oder hassen. Wenn Sie es hassen, gehen Sie zurück zum vorherigen Menü. Gehen Sie als Nächstes zum Abschnitt "Haptik" und Sie können sie ein- oder ausschalten - und sie auch stärker hervorheben.

Aufladen der Apple Watch

Aufladen Ihrer Uhr ist sehr einfach; es mag anfangs etwas seltsam erscheinen, weil das Ladegerät magnetisch ist und nicht in die Uhr eingesteckt wird, sondern auf der Rückseite einrastet. Achten Sie darauf, dass Sie das mit Ihrem Gerät gelieferte Ladegerät verwenden. Bei Verwendung eines anderen Ladegeräts könnte das Gerät überladen werden, wodurch der Akku schnell entladen wird.

Es dauert etwa zwei Stunden, bis die Uhr vollständig aufgeladen ist.

Wenn Sie wissen möchten, wie viel Zeit für eine volle Ladung benötigt wird, wischen Sie vom Zifferblatt der Uhr nach oben, wodurch Sie die Übersichtaufruft, und wischen Sie dann zu Batterie Blick.

Wenn die Uhr weniger als 10 % Energie übrig hat, wechselt sie automatisch in den Energiereserve-Modus. Modus. In diesem Modus zeigt die Uhr die Uhrzeit an, aber andere Apps sind nicht verfügbar. Sie können die Energiereserve auch manuell einschalten, indem Sie den seitlichen Knopf drei Sekunden lang gedrückt halten, bis das Menü "Energie" angezeigt wird, und dann auf "Energiereserve" streichen.

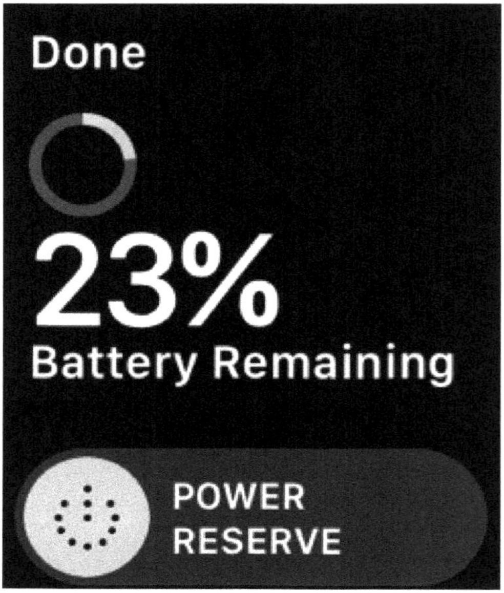

Sie können die verbleibende Zeit Ihrer Batteriereserve jederzeit ablesen, indem Sie auf dem Zifferblatt nach oben streichen, um den Bereich Glancesund dann zu Energiereserve wischen. Sie können auch die Apple Watch App auf Ihrem iPhone verwenden, um zu sehen, wann Sie die Uhr zuletzt aufgeladen haben.

HINWEIS: Immer wenn ich in diesem Buch Glances in diesem Buch erwähne, bedeutet das nur, dass Sie von Ihren Geräten nach oben wischen - es gibt eine Menge Glances, die ich behandeln werde.

Batterie Gesundheit

Batterie Die Akkulaufzeit ist für jedes Gerät wichtig, aber das gilt besonders für die Apple Watch. Sie möchten sie verwenden, um Ihre Fitnessziele zu verfolgen und sogar den Schlaf zu überwachen - für manche Menschen ist es wichtig, sie ständig eingeschaltet zu lassen. Aber irgendwann müssen Sie sie aufladen. Die Optionen für den Batteriezustand helfen Ihnen, das Beste aus Ihrer Batterie herauszuholen.

Es gibt eigentlich zwei große Probleme, wenn es um die Gesundheit der Batterie geht: Erstens wollen Sie sicherstellen, dass Sie sie so lange wie möglich nutzen können, bevor Sie sie aufladen, und zweitens wollen Sie sicherstellen, dass sie nicht überladen wird.

Wenn Sie Ihre Uhr zum Beispiel die ganze Nacht über aufladen lassen, ist sie irgendwann in der Nacht voll aufgeladen - aber sie wird weiter aufgeladen. Dadurch wird die Batterie im Inneren der Uhr weiter abgenutzt. Sie können die Funktion Optimierte Batterie Aufladen einschalten, um Ihre Ladegewohnheiten zu erkennen. Wenn das Gerät feststellt, dass Sie den Akku hauptsächlich nachts aufladen, wird es ihn auf 80 % aufladen und die restlichen 20 % eine Stunde vor dem Aufstehen aufladen. So bleibt die Batterie länger gesund.

Gehen Sie dazu in die App "Einstellungen" und tippen Sie dann auf "Akku. Sie erhalten nun eine Übersicht über Ihren Akku. In meinem Fall ist der Akku bei 61 %.

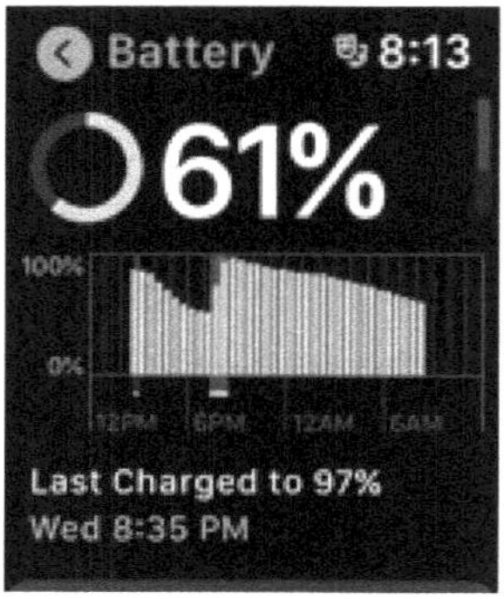

Wenn ich nach unten blättere (oder die Digital Crown drehe), gibt es eine Option zum manuellen Schalten in den Energiereserve Modus zu aktivieren, und darüber eine Taste für Battery Gesundheit.

Wenn Sie auf die Schaltfläche Batterie Zustand tippen, sehen Sie den aktuellen Stand Ihrer Akkulaufzeit. In dem Beispiel unten beträgt die maximale Kapazität 86 %.

Scrollen Sie ein wenig nach unten, und Sie sehen eine Option zum Umschalten von Optimierter Akku Aufladen ein- und auszuschalten.

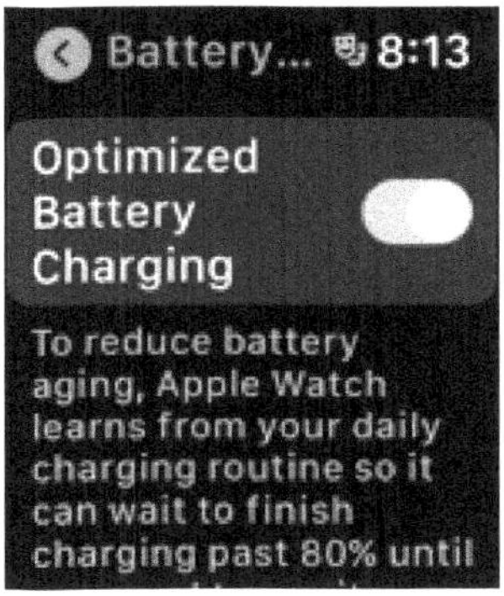

EINSTELLUNGEN AUF DEM IPHONE

Nachdem wir nun alle Einstellungen behandelt haben, hier ein Hinweis, über den Sie sich wahrscheinlich ärgern werden, dass ich ihn nicht früher erwähnt habe: Sie können fast alles auf Ihrem iPhone erledigen!

Da Sie Ihr Telefon nicht immer bei sich haben, sollten Sie wissen, wo sie sich sowohl auf der Uhr als auch auf dem Telefon befinden. Die meisten Menschen finden es jedoch einfacher, die Einstellungen auf einem größeren Gerät zu steuern.

Um die Einstellungen anzupassen, rufen Sie die Watch-App auf dem Telefon auf und blättern Sie dann nach unten zu der gewünschten Einstellung. Alles, was Sie hier ändern, wird automatisch mit Ihrer Uhr synchronisiert. Es gibt nichts weiter zu tun!

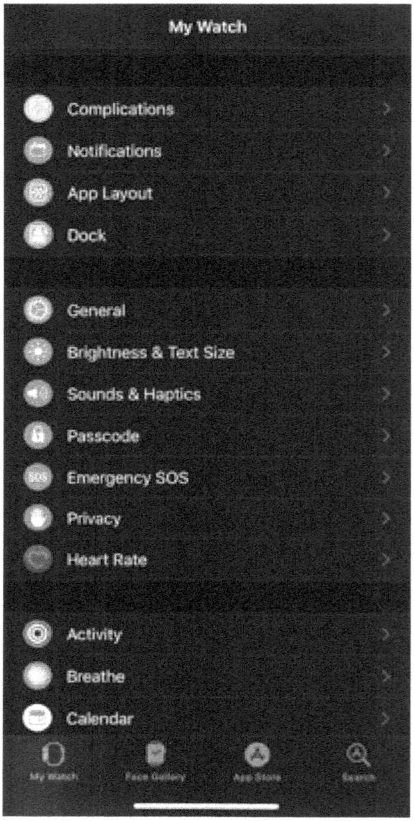

STATUS-SYMBOLS

Benachrichtigungen auf der Apple Watch gibt es in vielen Formen. Eine Möglichkeit sind die Statussymbole, mit denen Sie schnell auf Ihr Handgelenk schauen können, um zu wissen, dass eine neue E-Mail eingegangen ist oder Ihre Uhr aufgeladen werden muss. Einige sind weniger offensichtlich als andere. Die Statussymbole und ihre Bedeutung sind unten aufgeführt:

Sie haben eine ungelesene Benachrichtigung, z. B. eine E-Mail.

Die Apple Watch wird geladen.

Ihr Akku ist leer.

Die Apple Watch ist gesperrt und kann nur mit einem Passcode verwendet werden.

Ihre Uhr befindet sich im Modus "Nicht stören und gibt keine Töne von sich oder leuchtet nicht, bis sie wieder aktiviert wird; Alarme funktionieren jedoch weiterhin.

Die Apple Watch befindet sich im Flugmodus Modus und nur nicht drahtlose Funktionen funktionieren - Bluetooth und Wi-Fi sind nicht eingeschaltet.

Ihre Uhr befindet sich im Theatermodus und bleibt stumm und das Display bleibt dunkel, es sei denn, Sie tippen auf das Display oder drücken einen der Knöpfe.

Ihre Uhr ist mit einem Wi-Fi-Netzwerk Netzwerk verbunden, nicht mit Ihrem Telefon.

Dieses Symbol wird nur auf einer Apple Watch mit Mobilfunkverbindung angezeigt. Es zeigt an, dass Sie mit dem Mobilfunknetz verbunden sind; die Balken zeigen an, wie stark die Verbindung ist. Vier ist die höchste Stufe.

Auch dies wird nur auf einer Apple Watch mit einer Mobilfunkverbindung angezeigt und bedeutet, dass die Mobilfunkverbindung unterbrochen wurde.

Wenn Sie schwimmen oder etwas mit viel Wasser tun, bedeutet dies, dass die Wassersperre aktiviert ist und die Uhr nicht auf Berührungen reagiert.

Wischen Sie nach oben zu Ihren Glances und Sie sehen dieses Symbol; es steht für Ihre Audioverbindung. Wenn Sie darauf tippen, können Sie den Ton von Ihrer Uhr auf ein anderes Gerät umschalten. Zum Beispiel, wenn Sie Musik hören und diese über ein kabelloses Headset wiedergeben möchten.

Der Standortdienst ist eingeschaltet. Was bedeutet das? Es bedeutet, dass eine App (z. B. Maps), die Ihren Standort im Hintergrund verwendet.

Ihre Uhr ist nicht mehr mit Ihrem Telefon gekoppelt.

Es findet eine drahtlose Aktivität oder ein anderes aktives Ereignis statt, z. B. das Laden einer App.

Wenn Sie die Workout-App verwendenverwenden, wird dieses Statussymbol angezeigt. Tippen Sie darauf, um zurück zur App zu wechseln.

Ich werde die Walkie-Talkie später behandeln; im Moment sollten Sie wissen, dass dieses Symbol diese Funktion darstellt.

Dieses Symbol wird angezeigt, wenn Audio abgespielt wird.

Wenn Sie eine Drittanbieter-App für Wegbeschreibungen oder Navigation verwenden, wird dieses Statussymbol angezeigt.

Manchmal hört die Uhr zu - wenn die Uhr z. B. erkennt, dass Sie sich die Hände waschen, wird dieses Symbol angezeigt, um Ihnen mitzuteilen, dass das Mikrofon eingeschaltet ist und die Uhr nun hört, was Sie tun (in diesem Beispiel das Wasser erkennen).

Wenn Sie den Schlafmodus aktiviert haben, wird dieses Statussymbol immer dann angezeigt, wenn Sie ins Bett gegangen sind. Sie können ihn manuell einschalten, indem Sie nach oben streichen, um zum Bildschirm "Übersichten" zu gelangen und tippen Sie auf das Symbol.

Gesten und Shortcuts

Bei einem so begrenzten Platzangebot hat Apple wirklich etwas genutzt, das sich Gesten nennt. Gesten bedeuten im Wesentlichen, dass Ihre Uhr verschiedene Dinge tut, je nachdem, wie Sie die Uhr berühren oder streichen. Wenn Sie ein iPhone oder einen Mac mit Force Touchbesitzen, werden Sie damit einigermaßen vertraut sein. Wenn nicht, keine Sorge - es ist leicht zu verstehen.

In diesem Abschnitt erhalten Sie einen schnellen Überblick über die Gesten und Tastenkombinationen, mit denen Sie schnell das tun können, was Sie tun müssen.

Die großen Drei

Es gibt drei Aktionen, die Sie häufiger nutzen werden als andere.

#1

Die am häufigsten verwendete Tastenkombination ist der Digital Crown Knopf; wenn Sie ihn drücken, gelangen Sie immer zum Startbildschirm zurück. Es ist wie die Home-Taste auf Ihrem iPhone (wenn Sie ein iPhone haben, das noch eine Home-Taste hat).

#2

Wenn du vom oberen Rand deines Ziffernblatts nach unten wischst, werden dir Benachrichtigungen angezeigt. Wenn Sie eine SMS, E-Mail oder eine andere Benachrichtigung verpasst haben, wischen

Sie nach unten, um zu sehen, was es war. Sie wissen wahrscheinlich, dass diese Geste genau die gleiche ist wie die auf Ihrem iPhone - Apple versucht, die Gesten so weit wie möglich gleich oder ähnlich zu halten.

Wenn Sie nach links über eine Benachrichtigung wischen, erhalten Sie zwei weitere Optionen: Löschen und Weitere Optionen.

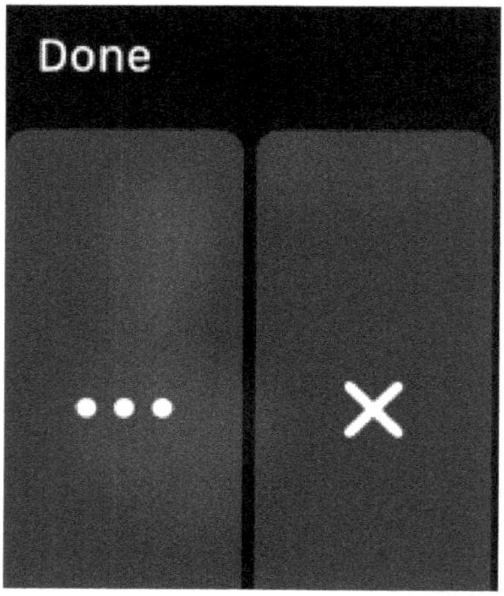

Löschen tut genau das, wonach es klingt - es löscht! Mit weiteren Optionen können Sie die Art der Benachrichtigung ändern.

Benachrichtigungen können sich sehr schnell summieren. Vielleicht sind Sie der Typ, der gerne jede einzelne Benachrichtigung durchgeht und löscht; ich finde das zeitaufwändig und würde sie lieber auf einmal löschen. Das ist ganz einfach! Tippen Sie einfach auf eine Benachrichtigung und halten Sie sie gedrückt (d. h. berühren Sie sie fest und halten Sie sie gedrückt, bis eine Nachricht angezeigt wird). Wenn die Meldung Alle löschen angezeigt wird, tippen Sie darauf. Dadurch wird nicht die Nachricht, sondern nur die Benachrichtigung gelöscht.

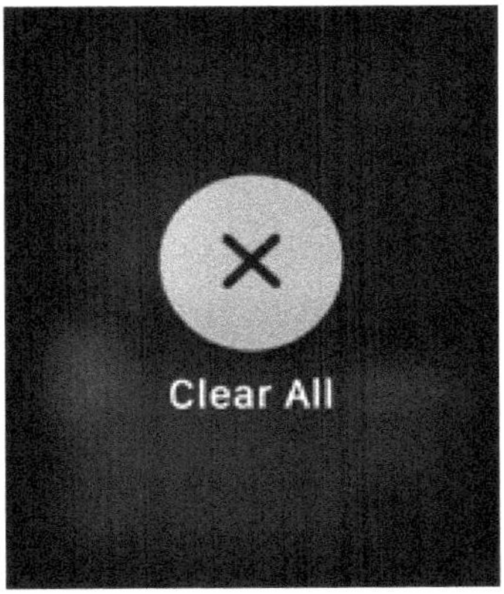

#3

Wischen Sie von der unteren Kante Ihres Zifferblatts nach oben, um Glances zu sehen. Glances ist ein wenig wie das Kontrollzentrum auf Ihrem iPhone - bei älteren iPhones ist es die gleiche Geste, um dorthin zu gelangen (nach oben streichen); bei neueren iPhones gelangen Sie dorthin, indem Sie in der oberen rechten Ecke nach unten streichen.

Blicke

Blicke sind nichts weiter als Abkürzungen und Umschaltungen. All diese Statussymbole, die ich gerade erwähnt habe? Viele von ihnen sind hier aktiviert.

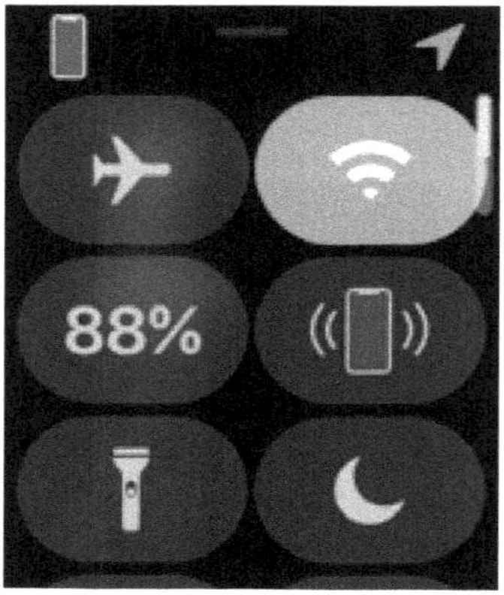

Wenn Sie also den Schwimmmodus oder den Flugzeugmodus einschalten willst, gehst du einfach auf Glances und drücken Sie die Taste. Drücken Sie sie erneut, um sie auszuschalten. Einige der Symbole (z. B. das Symbol für den Akkustand) öffnen weitere Optionen.

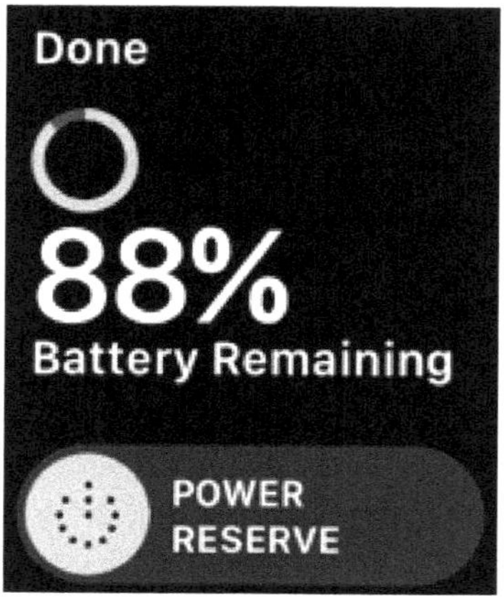

Ein Statussymbol, das bisher noch nicht behandelt wurde, ist die Taschenlampe, die zu den Glance-Optionen gehört. Auf dem iPhone ist die Taschenlampe ziemlich nützlich (und hell); auf der Uhr? Nicht so sehr. Auf der Uhr schaltet sich das Display ein, sodass Sie "etwas" Licht haben, aber es ist nicht so hell wie das Blitzlicht der Kamera auf dem Telefon. Wenn Sie darüber streichen, werden die verschiedenen Arten von Blitzlichtern angezeigt (weiß, weiß blinkend und rot). Um es auszuschalten, wischen Sie nach unten.

Am unteren Rand von Glancesbefindet sich eine Schaltfläche Bearbeiten. Wenn Sie darauf tippen, können Sie die Symbole per Drag & Drop verschieben. Auf diese Weise können Sie die Symbole in der Reihenfolge anordnen, in der Sie sie am häufigsten verwenden.

Sie können auch auf die Schaltfläche "-" in der oberen linken Ecke eines jeden Symbols tippen, um es aus den Übersichten zu entfernen. Sie können nicht alle Symbole entfernen, aber die meisten.

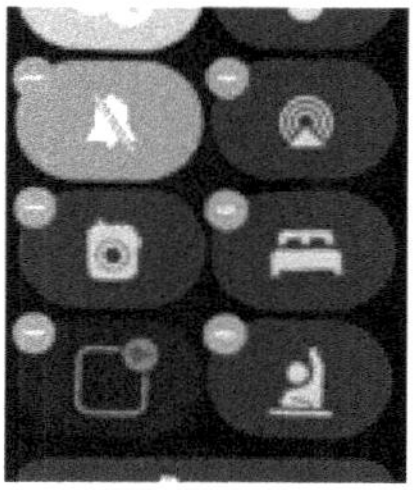

Wenn Sie es entfernen, ist es nicht für immer verschwunden. Sie können sie wiederherstellen, indem Sie nach unten gehen; sie wird unter "Mehr" angezeigt.

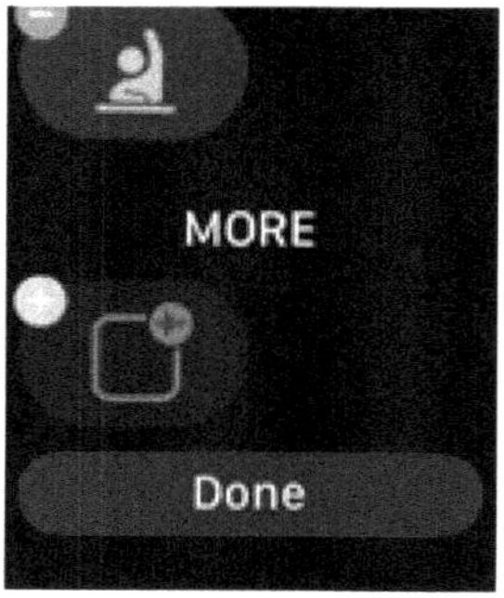

Force Touch

Eine ganze Zeit lang hat Apple Force Touch als Innovation bei den Gesten - und dann doch nicht. Und jetzt ist es weg!

Force Touch würde nicht nur messen, was Sie berühren, sondern auch, wie stark Sie es berühren. Wenn Sie auf dem Bildschirm Ihrer Uhr etwas fester auf den Bildschirm drücken, können Sie das Zifferblatt der Uhr ändern. In Anwendungen wird Force Touch ähnlich wie ein Rechtsklick auf einem Computer verwendet - es werden Optionen angezeigt.

Apple hat sich inzwischen entschlossen, diese Funktion ganz auszublenden. Wenn Sie sich also fragen, warum das Drücken von "fester" kein Menü mehr aufruft, dann ist das der Grund.

Zoomen

Vielleicht sind Sie es gewohnt, auf Ihrem iPhone oder iPad zu drücken und zu zoomen. Seien Sie darauf vorbereitet, dass Sie enttäuscht sein werden... auf einem kleineren Bildschirm funktioniert diese Methode einfach nicht. Stattdessen gibt es die Digital Crownmit der Sie durch Drehen des Knopfes hinein- und herauszoomen können. Sie können damit Dinge wie Fotos und Karten vergrößern.

Ausschalten des Bildschirms

Es gibt keine physische Taste zum Ausschalten der Apple Watch. Um den Bildschirm auszuschalten, können Sie entweder die Hand nach unten legen oder die Uhr mit der anderen Hand abdecken. Sie können auch Alarme stummschalten, indem Sie Ihre Hand über den Bildschirm halten.

Starten von Siri

Es gibt zwei schnelle Möglichkeiten, Siri zu startenErstens: Drücken und halten Sie die Digital CrownZweitens: Heben Sie Ihr Handgelenk und sprechen Sie - es sind keine Tasten erforderlich. Früher mussten Sie "Hey Siri" sagen, das ist jetzt nicht mehr nötig. Die Uhr erkennt, wenn Sie Ihr Handgelenk heben, um zu sprechen, und hört, was Sie sagen.

Sie können auch Siri für Übersetzungen verwenden. Sagen Sie einfach: "Hey Siri, wie sagt man X [Sache] in Y [Sprache]?

Finden Sie Ihr iPhone

Wenn du dein iPhone nicht finden kannst, kannst du es schnell mit deiner Uhr anpingen, um zu sehen, ob es in der Nähe ist. Gehen Sie zu Ihrem Zifferblatt, wischen Sie nach oben, um "Blicke" aufzurufenund tippe dann auf das Symbol "Telefon".

Daraufhin beginnt Ihr Telefon zu piepen. (Hinweis: Damit dies funktioniert, müssen Sie die Funktion "Find My iPhone über iCloud.)

Flugzeug Modus

Bei den meisten Fluggesellschaften können Sie Ihre Uhr während des Fluges anlassen, aber sie wollen sie im Flugzeugmodus Modus (der Einstellungen ausschaltet, die das Flugzeug stören könnten).

Um die Uhr in den Flugzeugmodus zu versetzen Modus zu versetzen, gehen Sie zu Ihrem Zifferblatt, wischen Sie von unten nach oben, um die Übersichtund gehen Sie zur Übersicht Einstellungen. Tippen Sie dann auf die Schaltfläche, die wie ein Flugzeug aussieht. Wiederholen Sie die Schritte, um den Modus zu deaktivieren.

Wenn Sie möchten, dass die Uhr in den Flugzeugmodus wechselt in den Flugmodus versetzt werden soll, tippen Sie in der Apple Watch App auf "Meine Uhr", dann auf "Flugmodus" und schalten Sie das Spiegel-iPhone ein. Wiederholen Sie die Schritte zum Deaktivieren.

Seitliche Taste

Um zwischen den zuletzt verwendeten Apps zu wechseln, drücken Sie die Seitentaste auf dem Zifferblatt der Uhr. Dadurch werden alle Apps wie ein Rolodex angezeigt. Das ist so ähnlich wie Multitasking auf einem iPhone.

Verwenden Sie die Digital Crown um durch sie zu blättern; tippen Sie einmal, um eine App zu öffnen; wischen Sie nach rechts, um die App abzubrechen.

Letzte App

Möchten Sie schnell zur zuletzt verwendeten Anwendung zurückkehren? Doppelklicken Sie auf die Digital Crown.

Apple Geldbörse

So verwenden Sie Apple Pay mit Apple Wallet- Tippen Sie zweimal auf die Seitentaste; Ihre Kreditkarte wird angezeigt und Sie werden aufgefordert, sie in die Nähe des Lesegeräts zu halten (Ihr Telefon muss nicht in der Nähe sein); sobald sie sich neben dem Lesegerät befindet, geben Sie

Ihren Passcode ein. Haben Sie Angst, dass jemand Ihre Uhr klaut und Ihre Kreditkarte benutzt? Wenn Sie die Uhr vom Handgelenk nehmen, funktioniert sie nicht mehr.

Wenn Sie eine andere Kreditkarte verwenden möchten, wischen Sie nach links. Wenn Sie die gewünschte Karte gefunden haben, drehen Sie sie in Richtung des Lesegeräts. Wenn die Transaktion abgeschlossen ist, hören Sie einen Piepton und spüren ein Klopfen - das ist das Zeichen dafür, dass die Transaktion abgeschlossen ist.

Bevor Sie Apple Pay verwenden könnenverwenden können, müssen Sie es jedoch erst einrichten. Dies geschieht auf dem iPhone. Tippen Sie auf Ihrem iPhone auf die Apple Watch App und scrollen Sie dann zu "Kredit- oder Debitkarte hinzufügen" und tippen Sie darauf. Sie können entweder eine bei iTunes hinterlegte Karte verwenden oder eine neue Karte hinzufügen. In beiden Fällen müssen Sie Ihre Sicherheitsnummer eingeben (oder die vollständige Nummer, wenn Sie eine neue Karte hinzufügen). Je nach Karte müssen Sie die Karte eventuell in einem weiteren Schritt verifizieren, was in der Regel durch eine Textnachricht mit einem Code von Ihrer Bank geschieht. Wenn Sie den Code erhalten, tippen Sie einfach auf Verifizieren und geben ihn ein. Jetzt können Sie Ihre Uhr zum Einkaufen verwenden!

Die Wallet-App wird automatisch mit Ihrem iPhone synchronisiert. Du kannst deiner Uhr zwar nicht sofort eine Kreditkarte hinzufügen, aber du kannst sie auf deinem iPhone hinzufügen und sie ist in Sekundenschnelle an deinem Handgelenk. Die Verwendung der Karte ist ähnlich wie auf dem Telefon. Öffnen Sie die Wallet-App, wählen Sie die Karte aus, mit der Sie bezahlen möchten, und halten Sie Ihr Handgelenk an den Kartenautomaten. Solange der Automat für Apple-Zahlungen eingerichtet ist, wird Ihre Karte belastet.

Einrichten von Apple Wallet auf dem iPhone

In Apple Wallet können Sie digitale Versionen von Dingen wie Kreditkarten, Versicherungskarten und sogar Personalausweisen und Schlüsseln speichern. Es wird von Jahr zu Jahr größer, aber leider liegt es an den Unternehmen, es in das Apple-System einzubinden. Wenn Sie also Ihr Kreditkartenunternehmen nicht sehen oder etwas wie einen Personalausweis nicht hinzufügen können, liegt das daran, dass es noch nicht unterstützt wird.

Im Abschnitt über die Apple-Dienste in diesem Handbuch wird ausführlicher auf die Funktionen eingegangen.

Um etwas zu Ihrer Brieftasche hinzuzufügen, öffnen Sie die Brieftaschen-App und tippen Sie dann auf das +-Symbol in der oberen rechten Ecke.

Wählen Sie dann aus, was Sie hinzufügen möchten. Sie können auch eine Apple Card beantragen. Die Apple Card ist die Kreditkarte von Apple.

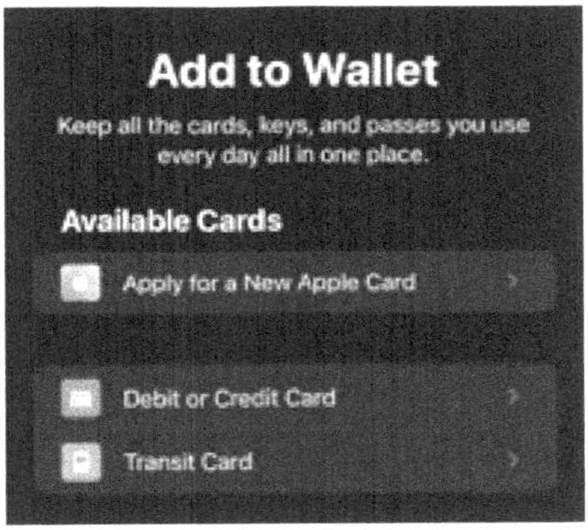

Nur weil Sie dies in den USA lesen, sollten Sie nicht annehmen, dass Sie keine Dinge aus anderen Ländern sehen werden. Wenn Sie in einem Land wie China unterwegs sind, werden Sie sogar Transitkarten für dieses Land sehen.

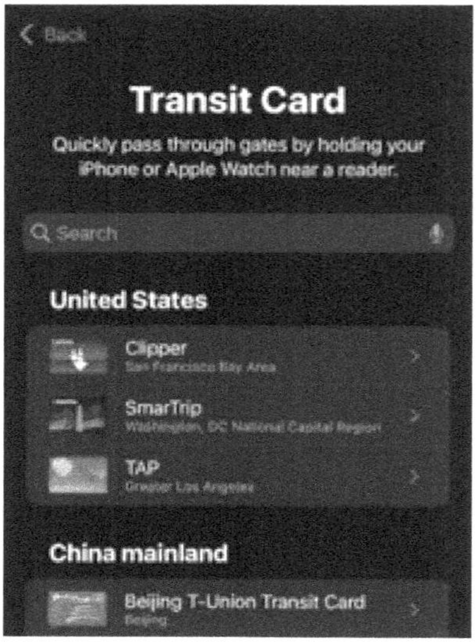

Weitergabe zwischen der Apple Watch und dem iPhone

Handoff können Sie zwischen Ihrer Uhr und Ihrem Handy hin- und herschalten, ohne Ihren Platz zu verlieren. Wenn Sie eine E-Mail auf Ihrer Uhr lesen und sie auf Ihrem Telefon beantworten möchten, gehen Sie auf Ihrem Telefon zu Handoff. Handoff wurde früher auf dem Sperrbildschirm angezeigt - jetzt ist es etwas weniger offensichtlich. Sie können jetzt über den App-Wechsel-Bildschirm auf dem iPhone auf Handoff zugreifen (siehe unten). Wischen Sie einfach auf Ihrem iPhone nach oben und halten Sie die Taste gedrückt.

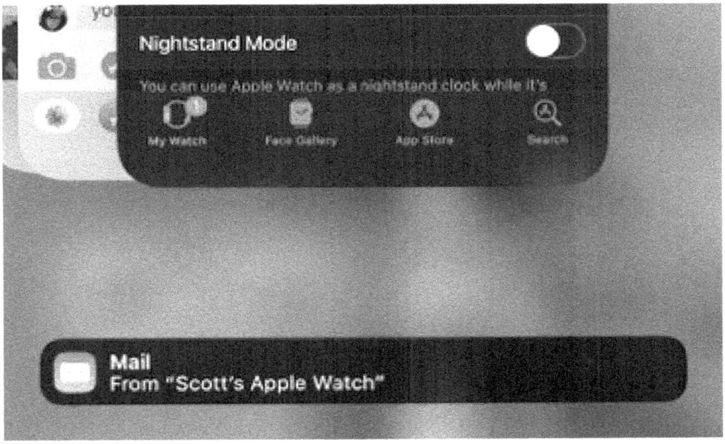

Auf einem MacBook befindet sich Handoff im Dock zu finden. In der oberen rechten Ecke befindet sich ein Apple Watch-Symbol.

Sie können Handoff ein- und ausschalten, indem du die Apple Watch App auf deinem iPhone öffnest, zu "Meine Uhr" gehst und dann auf "Allgemein" und "Handoff aktivieren" tippst.

Anordnen von Icons

Auf der Apple Watch gibt es zwei App-Ansichten: Rasteransicht und Listenansicht.

Rasteransicht

Die Rasteransicht ist die Ansicht, an die die meisten Menschen gewöhnt sind; sie ist auch winzig... wirklich winzig. Wenn Sie viele Anwendungen haben, kann es schwierig sein, die gewünschte Anwendung zu finden. Wenn es Ihnen schwerfällt, zu navigieren, kann die Listenansicht helfen.

Listenansicht

In der Listenansicht werden alle Anwendungen in einer blätterbaren Liste in alphabetischer Reihenfolge angezeigt.

Entfernen von Apps

Wenn Sie die Rasteransicht verwenden, können Sie eine App auf dieselbe Weise aus dem Raster entfernen wie auf dem Home-Bildschirm Ihres iPhones oder iPads: Tippen und halten Sie. Die Apps, die entfernt werden können, haben kleine X in der oberen rechten Ecke. Tippen Sie auf diese X, um sie zu entfernen.

Es wird bestätigen, dass Sie es wirklich löschen wollen, bevor es weggenommen wird. Es ist nicht für immer weg, sondern wird nur in der Cloud gespeichert. Sie können sie später wiederherstellen.

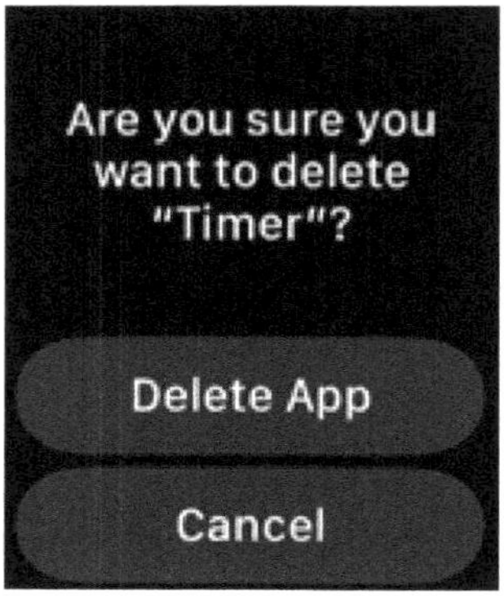

Anordnen von Icons

Die Anordnung von Symbolen auf der Uhr ist ähnlich wie beim iPhone und iPad. Gehen Sie zunächst zum Startbildschirm und berühren und halten Sie dann ein App-Symbol, um es an eine neue Position zu ziehen.

Umschalten der App-Ansicht

Um von der Rasteransicht zur Listenansicht (oder umgekehrt) zu wechseln, gehen Sie zur App Einstellungen und blättern Sie dann zur App-Ansicht.

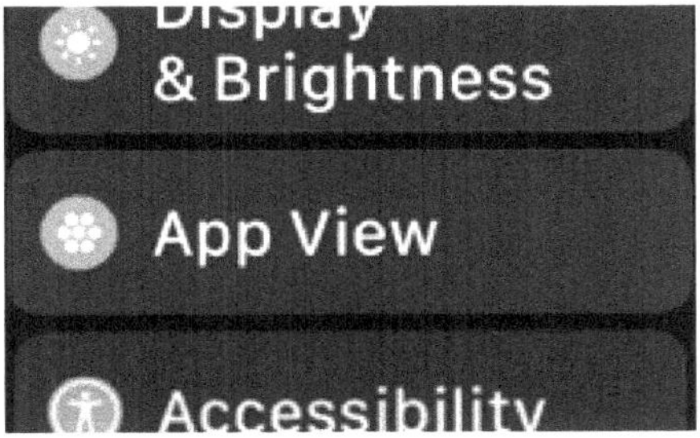

Wählen Sie auf dem nächsten Bildschirm die gewünschte Ansicht. Drücken Sie die digitale Krone, wenn Sie Ihre Auswahl getroffen haben.

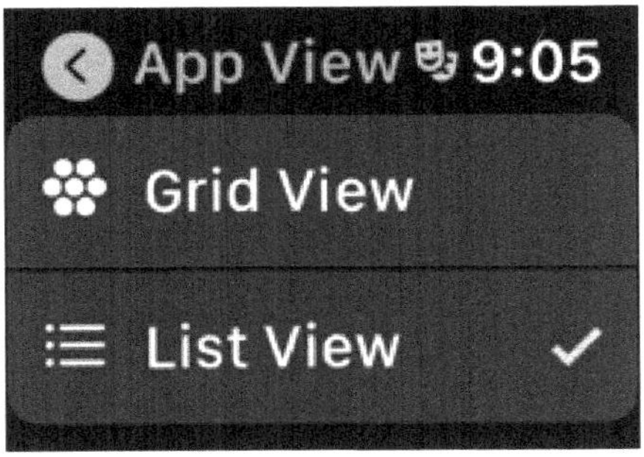

Installieren von Apps auf der Uhr

Die Zeiten, in denen Sie Ihr Telefon zum Suchen und Herunterladen von Apps verwenden mussten, sind mit OS 7 vorbei. Sie können zwar immer noch die im obigen Abschnitt beschriebene Methode verwenden, und vielleicht bevorzugen Sie sie sogar, weil sie einfacher zu navigieren und zu durchsuchen ist.

Um Apps direkt auf Ihrer Uhr zu finden und die alte Methode zu überspringen, öffnen Sie die Apps App auf Ihrer Uhr.

Dadurch wird eine Uhrenversion des App Store angezeigt; Sie können entweder nach Apps suchen oder die digitale Krone um die vorgestellten Apps zu durchsuchen.

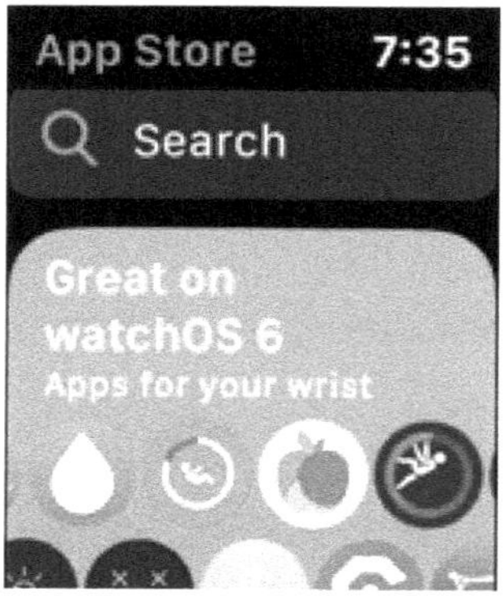

Wenn Sie eine gewünschte Anwendung sehen, tippen Sie auf diese und dann auf die Schaltfläche Abrufen.

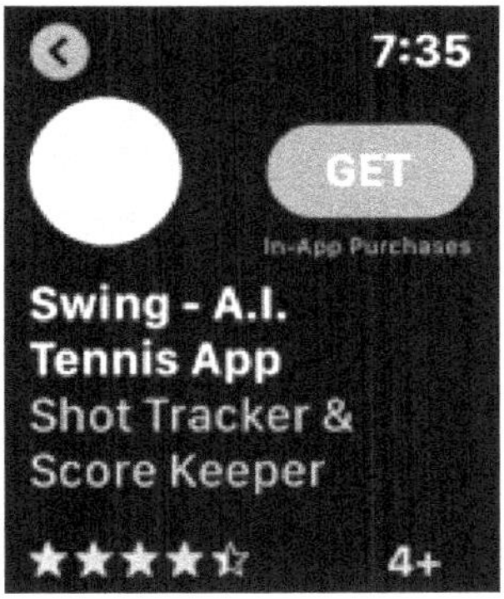

SOS

SOS ermöglicht es Ihrer Uhr, die örtlichen Notdienste anzurufen, um ihnen Ihren Standort mitzuteilen. Diese Funktion sollten Sie natürlich nur in Notfällen verwenden und nicht einfach ausprobieren, um zu sehen, wie sie funktioniert! Um die Funktion zu aktivieren, halten Sie die Seitentaste drei Sekunden lang gedrückt und wischen Sie dann über SOS.

Lärm

Für Uhren der Serie 4 und höher gibt es nach dem Update auf OS 7 eine neue App: die Noise App.

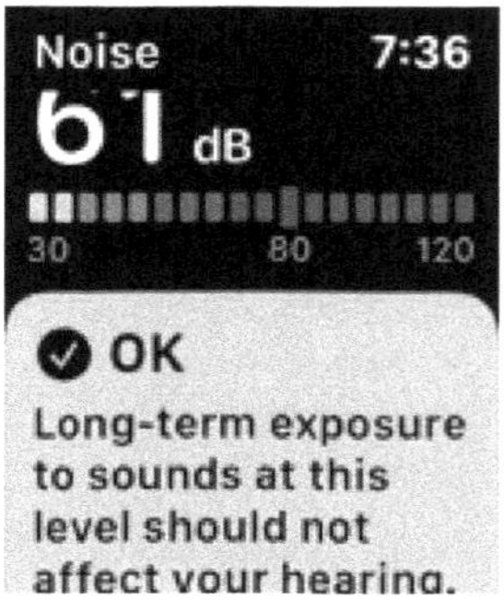

Die Lärm App nutzt das Mikrofon Ihrer Uhr, um den Geräuschpegel in Ihrer Umgebung zu messen. Wenn der Pegel einen Wert erreicht, der Ihr Gehör schädigen kann, können Sie benachrichtigt werden.

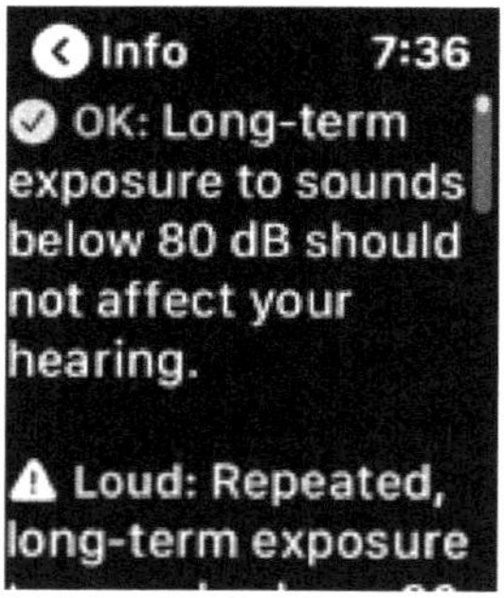

Um sie zu aktivieren, öffnen Sie die App und wählen Sie Aktivieren.

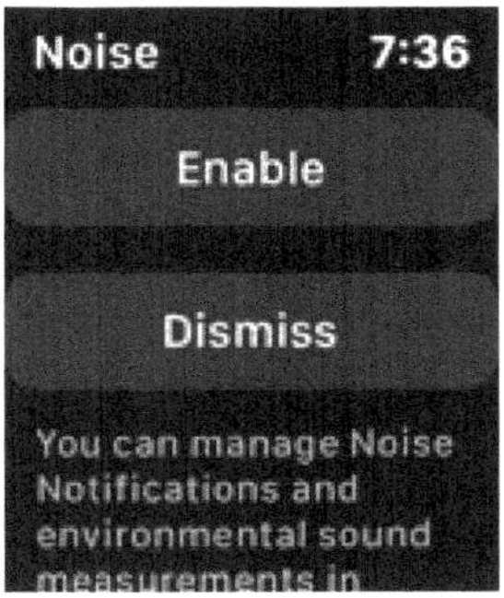

Sobald sie eingeschaltet ist, können Sie sie jederzeit öffnen, um den Geräuschpegel zu messen. Sie können auch einstellen, wann Sie Benachrichtigungen über den Geräuschpegel erhalten, indem Sie die Einstellungen Ihrer Uhr aufrufen, dann Geräuscheund dann Benachrichtigungen.

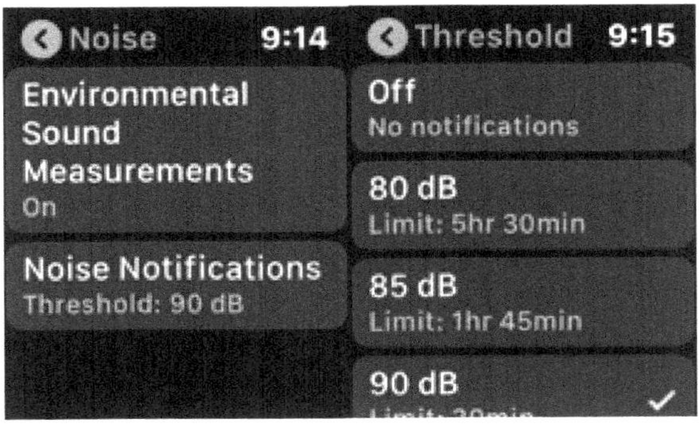

Wenn Sie etwas zu laut hören, erhalten Sie einen Hinweis darauf, dass wiederholter Lärm in dieser Lautstärke Ihr Gehör schädigen kann.

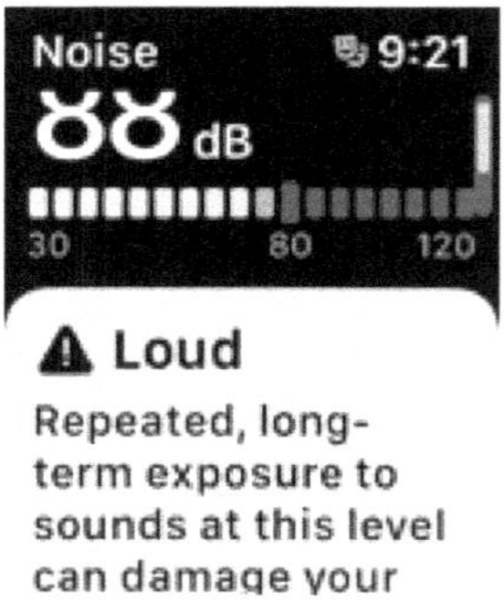

Um einen Verlauf der Geräusche zu sehen, öffnen Sie die Health App auf Ihrem iPhone.

Tippen Sie in der App auf das Symbol Durchsuchen am unteren Rand.

Wählen Sie in der Liste die Option für Anhören.

Sie sehen nun eine Übersicht über die Geräusche, denen Sie ausgesetzt waren.

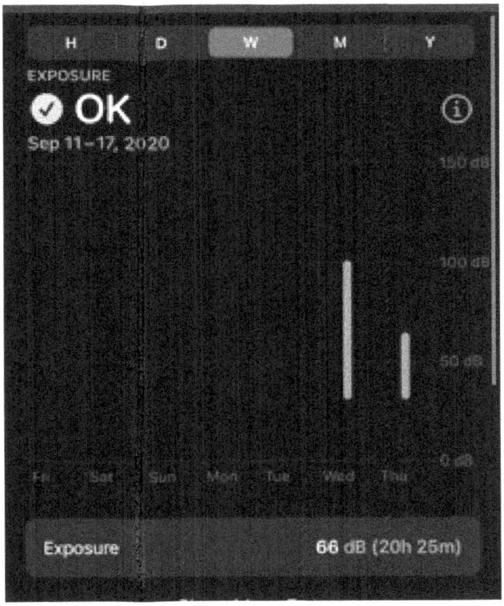

ACHTSAMKEIT

Achtsamkeit gibt es schon seit einiger Zeit auf der Uhr, aber bis 2021 hieß sie Breathe App.

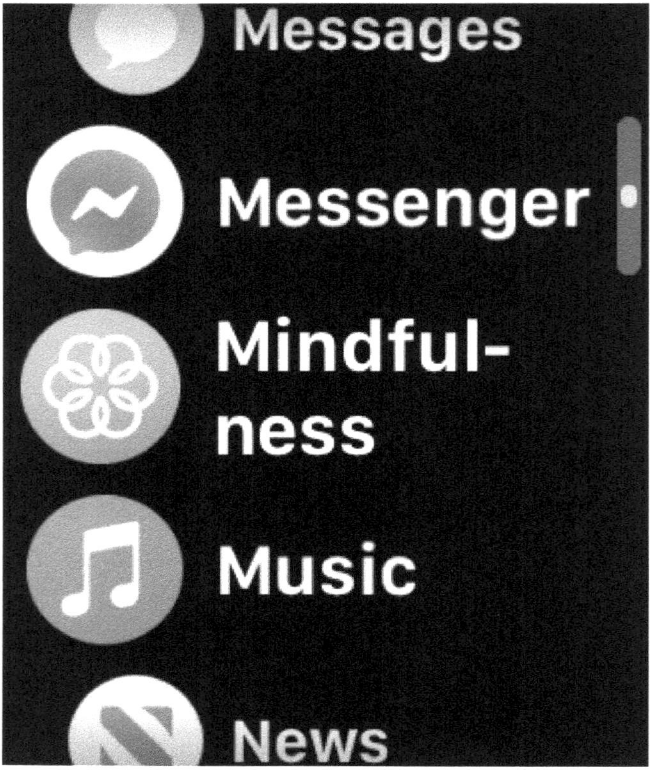

Die Achtsamkeits-App verfügt über drei Modi:

- Fitness + - Hier können Sie Audiomeditationen hören, die von Fitness +-Trainern stammen.

- Nachdenken - Dieser Modus hilft Ihnen, sich zu konzentrieren und über das nachzudenken, was Ihnen wichtig ist.

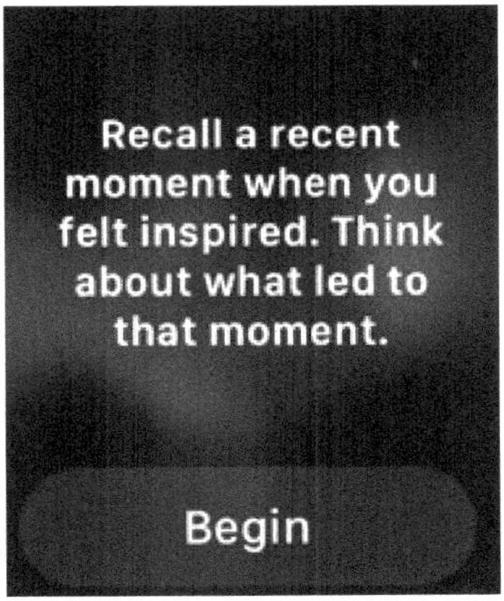

- Atmen - Eine einfache, aber wirkungsvolle Atemübung, die Ihnen hilft, sich zu konzentrieren und besser zu fühlen.

Vergewissern Sie sich bei jedem dieser Modi, dass Sie die Funktion "Nicht stören" aktiviert haben, da sonst die Übung unterbrochen werden könnte; Benachrichtigungen können dazu führen, dass das Programm angehalten wird.

Wenn Sie die Übung beenden möchten, wischen Sie einfach nach rechts und tippen Sie auf Ende.

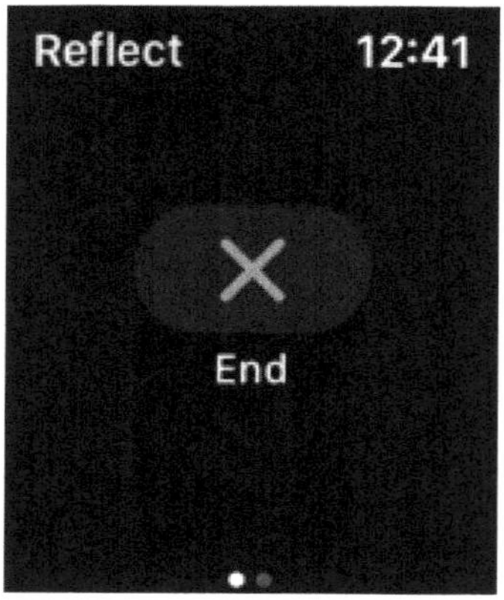

Bevor du auf Reflect oder Breathe tippst, siehst du drei Punkte in der oberen rechten Ecke. Wenn du darauf tippst, kannst du die Dauer ändern. So können Sie den Modus länger oder kürzer laufen lassen. Eine Minute ist die kürzeste und fünf Minuten die längste Dauer.

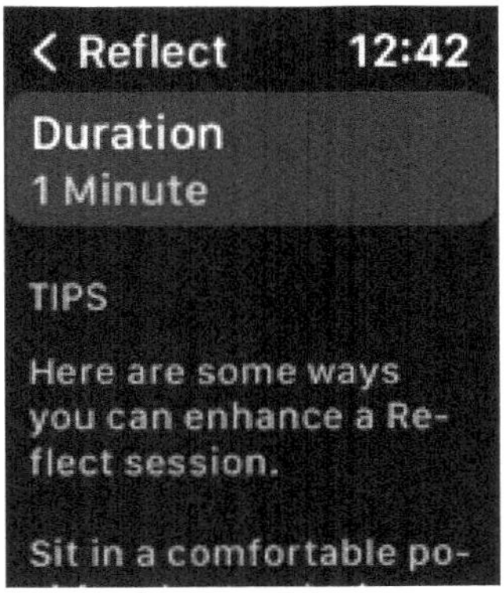

Tippen Sie einfach auf die aktuelle Uhrzeit und wählen Sie eine neue Zeit aus.

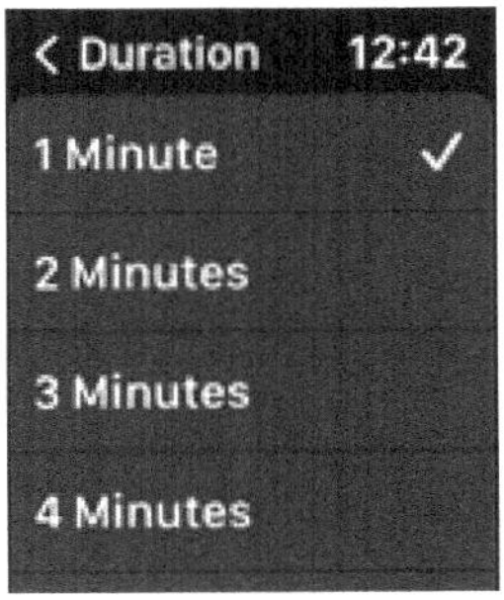

Im Atmungsmodus sagt es Ihnen auf dem Bildschirm, was Sie tun sollen, aber es sendet auch Vibrationen an Ihr Handgelenk.

Kompass

Der Kompass ist eine App, die es nur auf der Apple Watch Series 5 und höher gibt. Ältere Uhren verfügen nicht über diese App.

Der Kompass ist so ziemlich das, was man erwarten würde: Er zeigt die Richtung an, in die die Uhr zeigt, sowie den aktuellen Standort und die Höhe. Sie können die digitale Krone können Sie Ihre Steigung und andere Koordinaten anzeigen lassen. Wenn Sie fest auf das Display drücken, können Sie Ihre Peilung bearbeiten.

SCHWERPUNKT

Focus ist auf der Apple Watch... sozusagen. Was ich damit meine, ist, dass es kein Symbol oder eine App namens Focus gibt, aber wenn Sie einen Focus auf Ihrem iPhone erstellen, wird er auf der Uhr angezeigt. Alles wird nahtlos synchronisiert.

Einrichten eines Fokus auf Ihrem iPhone

Handys können uns von Dingen ablenken, die wir eigentlich tun müssten. Ja, sie sind großartig, um auf der Toilette Spiele zu spielen, aber Sie müssen sich wirklich wieder an die Arbeit machen. Zu diesem Zweck gibt es den Fokus-Modus. Um ihn zu aktivieren, wischen Sie von der oberen rechten Ecke nach unten und tippen Sie dann auf die Schaltfläche Fokus.

Es gibt mehrere verschiedene Fokusmodi mit unterschiedlichen Einstellungen. Einige senden Ihnen beispielsweise Benachrichtigungen, aber keine Anrufe.

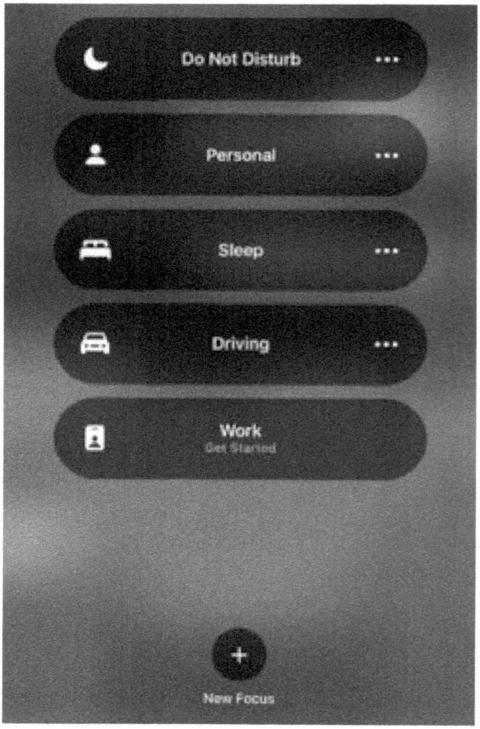

Wenn Sie auf die drei Punkte in der Ecke des Modus klicken, können Sie festlegen, wie lange er eingeschaltet bleibt (wenn Sie dies nicht tun, bleibt er eingeschaltet, bis Sie ihn ausschalten).

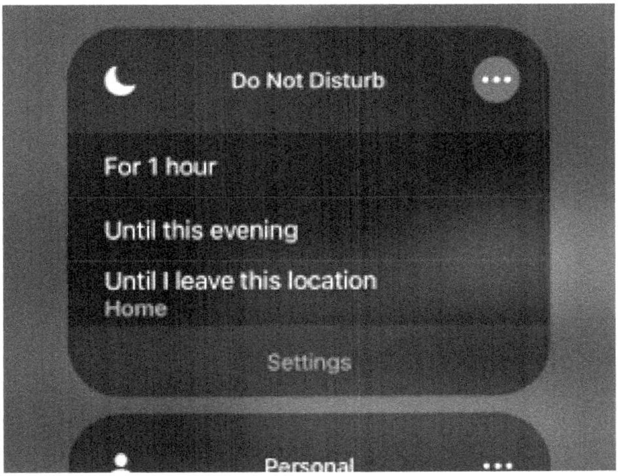

Sie können auch einen Modus hinzufügen. Es gibt vordefinierte Modi, die Sie hinzufügen können.

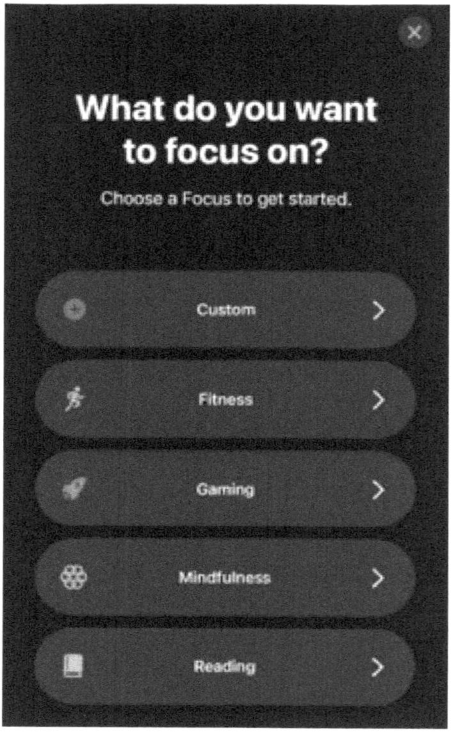

Durch Antippen der einzelnen Modi erfahren Sie, was der jeweilige Modus bewirkt.

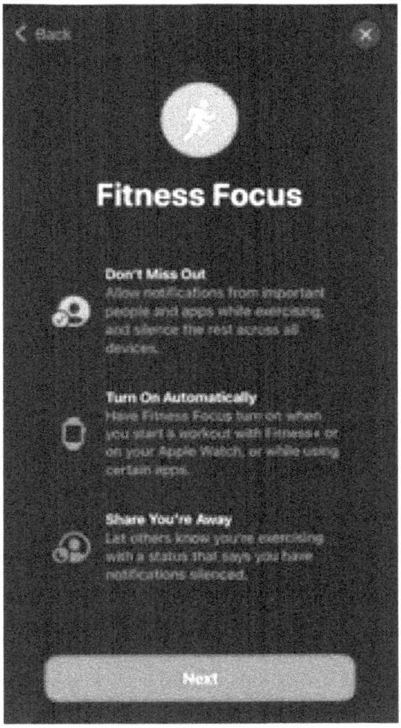

Sie können auch Ihren eigenen benutzerdefinierten Modus erstellen.

Wenn Sie Ihren eigenen Modus erstellen, können Sie die Grenzen festlegen.

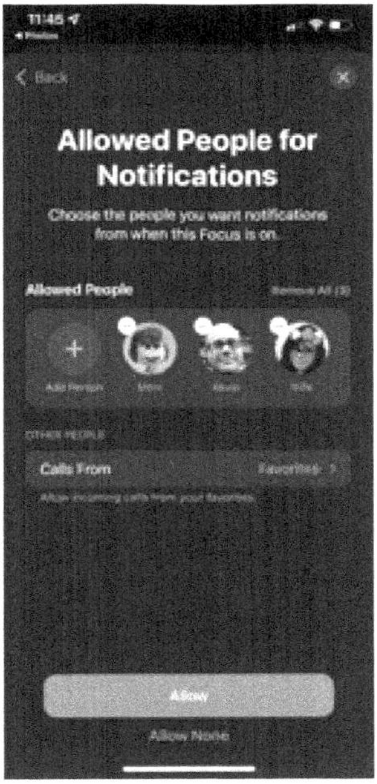

Sie können auch die Apps auswählen, die für Benachrichtigungen zugelassen sind. So können Sie festlegen, dass Sie Tweets erhalten können, aber keine Facebook-Nachrichten.

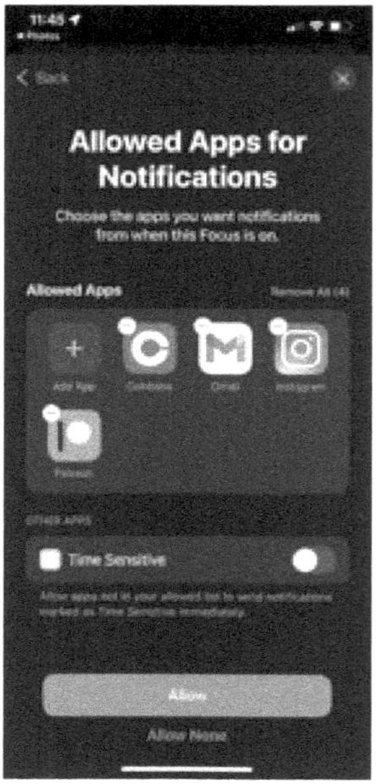

Klicken Sie einfach auf "Fertig" und es wird hinzugefügt.

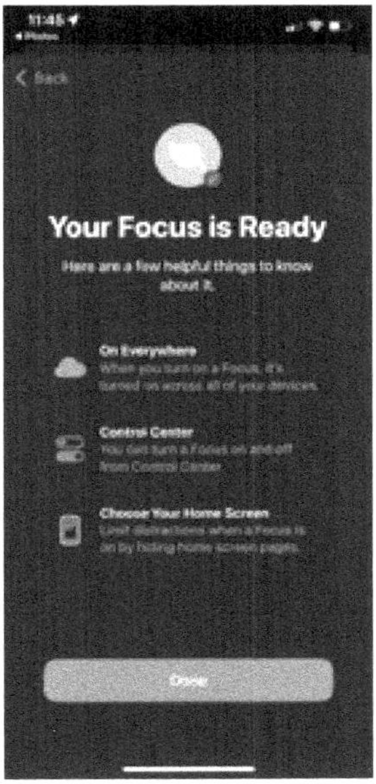

Immer eingeschaltet

Wenn man über die Unterschiede zwischen der Series 5 und älteren Modellen spricht, wird man wahrscheinlich das immer eingeschaltete Display nennen. Bei älteren Uhren schaltet sich das Display aus, sobald Sie Ihr Handgelenk ablegen.

Die meisten Leute mit der Series 5 oder höher werden sie wahrscheinlich eingeschaltet lassen wollen; es gibt jedoch Einstellungen, bei denen sie ausgeschaltet werden sollte. Um die Funktion zu deaktivieren, gehen Sie zur App "Einstellungen" auf der Uhr, tippen Sie auf "Display & Helligkeitund tippen Sie dann auf Immer ein. Sie können diesen Einstellungsbildschirm auch verwenden, um sensible Benachrichtigungen auszublenden, z. B. Kalendereignisse und Nachrichten.

[6]

LASST UNS GESICHTER MACHEN

Dieses Kapitel behandelt:

- Was ist ein Apple Watch Gesicht?
- So ändern Sie das Gesicht der Apple Watch
- Wie man verschiedene Apple Watch Gesichter anpasst
- Hinzufügen von Komplikationen zu einem Zifferblatt
- Gesichter beobachten
- Wie man ein Gesicht teilt
- Mehr Gesichter finden
- Ein Gesicht entfernen

Eines der Dinge, die eine Apple Watch wirklich auszeichnen, ist die persönliche Gestaltung des Zifferblatts. Als die ursprüngliche Apple Watch auf den Markt kam, gab es nicht einmal ein Dutzend Zifferblätter; heute sind es mehrere Dutzend. Für jedes Zifferblatt gibt es unzählige Möglichkeiten, es anzupassen und Komplikationen hinzuzufügen (eine Uhrenkomplikation ist im Grunde eine Funktion innerhalb des Zifferblatts, z. B. zeigt das Zifferblatt neben der Uhrzeit auch das Wetter oder die Surfbedingungen an).

In diesem Kapitel erfahren Sie, wie Sie Gesichter ändern und freigeben können und was die offiziellen Zifferblätter sind.

Schauen wir uns zunächst einmal an, wie man ein Gesicht ändert. Das ist ganz einfach: Halten Sie das Gesicht etwa drei Sekunden lang gedrückt.

Dadurch wird Ihr Gesicht ein wenig zurückgezogen, und Sie sehen den Titel des Gesichts und haben die Möglichkeit, es zu bearbeiten und zu teilen. Auf die Bearbeitung und Freigabe gehen wir später in diesem Kapitel ein. Wischen Sie zunächst nach links und rechts, um die verschiedenen Gesichter zu sehen.

Zu diesem Zeitpunkt werden Ihnen nicht alle Gesichter angezeigt. Es werden nur die angezeigt, die Sie bereits verwendet haben. Wenn Sie die Apple Watch zum ersten Mal benutzen, ist die Auswahl ziemlich dürftig.

Um alle Gesichter zu sehen, wischen Sie nach links, bis Sie die große +-Schaltfläche sehen, und tippen Sie dann darauf.

Daraufhin wird eine lange Liste von Zifferblättern angezeigt. Ziehen Sie mit dem Finger nach oben oder unten oder verwenden Sie die Digital Crown auf Ihrer Uhr.

GESICHT BEOBACHTENS UND WAS SIE TUN

Jedes Gesicht hat verschiedene Details, die hinzugefügt oder entfernt werden können. Nachfolgend finden Sie eine Liste der aktuellen Zifferblätter und was Sie zu ihnen hinzufügen können. Zifferblätter mit Statussymbolen können berührt werden, um die zugehörige App zu laden. (Hinweis: Nicht alle dieser Gesichter sind auf früheren Uhrenmodellen verfügbar; außerdem sind einige nur auf Uhrenmodellen mit Mobilfunkanschluss verfügbar).

AKTIVITÄT ANALOG / TÄTIGKEIT DIGITAL

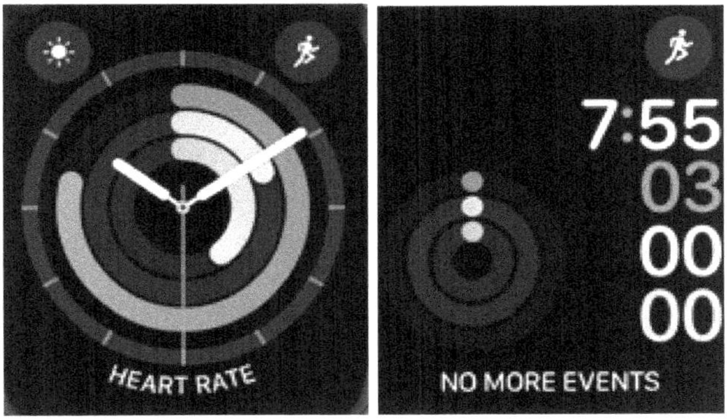

Dies ist das Gesicht, das Sie beim Training verwenden sollten. Es misst deinen Fortschritt, hat aber auch eine Uhr, die dir die Zeit anzeigt. Es gibt zwei Versionen: analog ohne Zahlen und digital mit Zahlen.

KÜNSTLER

Dieses Gesicht ist eine Zusammenarbeit zwischen Apple und dem Künstler Geoff McFetridge. McFetridge ist ein in Kanada geborener Künstler, der derzeit in Los Angeles, Kalifornien, lebt. Er ist bekannt für seine kräftigen Farben und simplen Designs. Er hat für Marken wie Nike und Patagonia gearbeitet und auch die Titelsequenz für die Filme "The Virgin Suicides" und "Adaptation" gestaltet.

Streifen

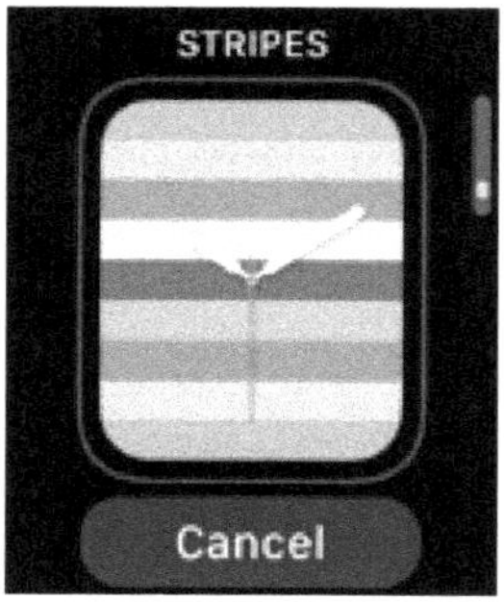

Diese Seite enthält verschiedene gestreifte Muster. Die Idee ist, diese farbigen Muster zu verwenden, um Sportmannschaften oder Flaggenfarben zu erstellen.

Ich werde die Anpassung von Gesichtern weiter unten behandeln, aber kurz gesagt, ist dies eines der komplizierteren Gesichter zum Anpassen wegen der Anzahl der Optionen.

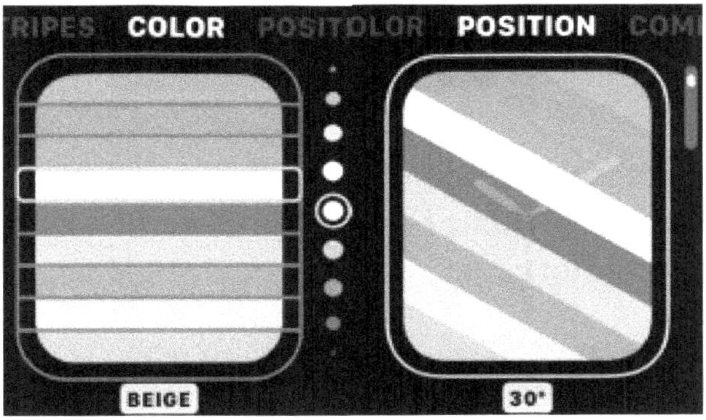

Wenn Sie die Fläche bearbeiten, können Sie für jede Linie eine eigene Farbe auswählen und die Position ändern, so dass sie horizontal, vertikal oder in einem Winkel erscheinen kann.

ATMEN

Entfesseln Sie den Yogi in Ihnen. Dieses schlichte Zifferblatt hat nur ein Ziel: dich zum Atmen zu ermutigen.

KALIFORNIEN

California verwandelt Ihr Gesicht in ein traditionelles Zifferblatt. Hier gibt es viele Anpassungsmöglichkeiten. Sie können zum Beispiel von der Vollbildansicht zu einem runden Gesicht wechseln, indem Sie die Anpassungen aufrufen und dann die Digital Crown im Vollbildmenü drehen.

Memoji

Bringt animierte Memoji(die im nächsten Abschnitt ausführlicher behandelt werden) auf das Zifferblatt.

Micky Maus

Mit Mickey Mouse (und jetzt auch Minnie Mouse) ist dies sicherlich das skurrilste und animierteste Uhrenerlebnis. Tippe ihn an und er spricht die Zeit - wenn der Ton eingeschaltet ist.

Auf dem Zifferblatt können folgende Informationen angezeigt werden: Datum, Kalender, Mondphase, Sonnenaufgang/Sonnenuntergang, Wetter, Aktivitätsübersicht, Alarm, Timer, Stoppuhr, Batterieladung, Weltzeituhr und Aktien.

TOY STORY

Dem Mickey-Gesicht steht das Toy Story-Gesicht in nichts nach. Tippe auf den Bildschirm, um eine andere Animation zu erhalten.

GEFÄLLE

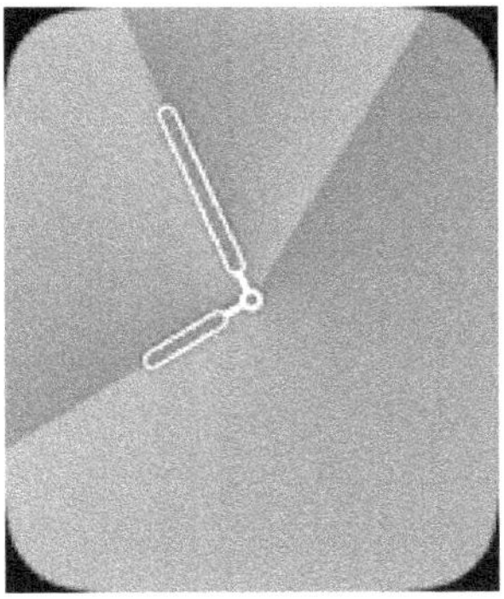

Der Farbverlauf ist eine sehr einfache Fläche, die sich im Laufe der Zeit leicht verändert.

MERIDIAN

Ein klassisches Aussehen mit vier Hilfszifferblättern.

MODULAR / MODULAR KOMPAKT

Ein sehr modern aussehendes Gesicht mit viel Platz zum Hinzufügen von Dingen. Die Farbe kann angepasst werden, und die folgenden Funktionen können hinzugefügt werden: Kalender, Mondphase, Sonnenaufgang / Sonnenuntergang, Wetter, Aktien, Aktivitätsübersicht, Alarm, Timer, Stoppuhr, Batterieladung, Weltzeituhr. Es gibt zwei Versionen dieses Zifferblatts: Modular und Modular Compact.

Antrag

Dies ist eines der wenigen Apple Watch Gesichter, das vollständig animiert ist. Sie können zwischen einem Schmetterling, einer Blume und einer Qualle wählen. Das Folgende kann dem Gesicht hinzugefügt werden: Datum.

ZIFFERN / ZIFFERN DUO / ZIFFERN MONO

Numerals bietet drei einzigartige Designs (normal, Duo und Mono) mit verschiedenen Anpassungsmöglichkeiten. Das Grunddesign zeigt die Uhrzeit fett und gut lesbar an.

AUFWÄRTS ZÄHLEN

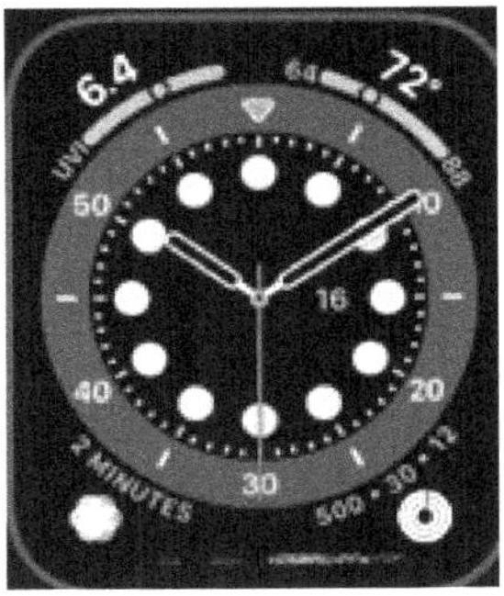

Durch Tippen auf die Lünette dieser App können Sie schnell die verstrichene Zeit verfolgen.

EINFACH

Wie der Name schon sagt, ist dies das einfachste klassische Zifferblatt. Auf dem Zifferblatt können die Farbe des Zeigers und die Nummerierung des Zifferblatts eingestellt werden. Folgendes kann hinzugefügt werden: Datum, Kalender, Mondphase, Sonnenaufgang/Sonnenuntergang, Wetter, Aktivitätsübersicht, Alarm, Timer, Stoppuhr, Batterieladung und Weltzeituhr.

SOLAR / SOLARDIAGRAMM

Mit diesem Gesicht, das die Position der Sonne am Himmel anzeigt, können Sie Ihren inneren Wissenschaftler herausfordern.

DIENSTPROGRAMM

Ein sehr einfaches und klassisch aussehendes Zifferblatt; die folgenden Merkmale können geändert werden: die Farbe des Sekundenzeigers und die Nummerierung auf dem Zifferblatt. Das Zifferblatt kann um folgende Funktionen erweitert werden: Datum, Kalender, Mondphase, Sonnenaufgang/Sonnenuntergang, Wetter, Aktivitätsübersicht, Alarm, Timer, Stoppuhr, Batterieladung, Weltzeituhr und Aktien.

GMT

Die Idee dieses Zifferblatts ist es, mehrere Zeitzonen gleichzeitig anzuzeigen. Auf dem inneren Zifferblatt wird eine 12-Stunden-Zeit angezeigt (mit der Zeit, in der Sie sich befinden); das äußere Zifferblatt zeigt eine 24-Stunden-Zeit an.

X-Large

X-Large ist das einfachste und modernste Gesicht, das auch am kühnsten aussieht. Folgendes kann angepasst werden: Farbe.

ENTDECKER

Dieses Zifferblatt ist exklusiv für Mobiltelefone. Das Ziel des Ziffernblatts ist es, Ihnen die Stärke des Mobilfunksignals anzuzeigen.

FEUER UND WASSER / DAMPF

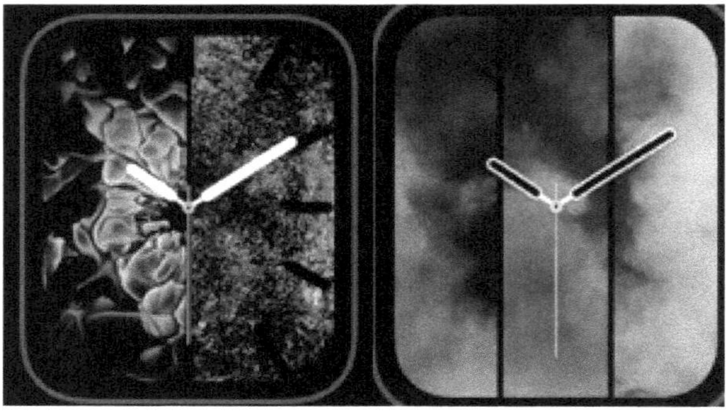

Animiert sich mit Rauch, wenn du ihn anhebst.

TYPOGRAFIE

Zeigt drei Stile (benutzerdefiniert, modern und abgerundet) sowie vier verschiedene Schriftarten (Arabisch, Arabisch-Indisch, Devanagari und Roman) an.

INFOGRAFIK / INFOGRAFIK MODULAR

Dies war ein exklusives Gesicht der Apple Watch Series 4, das Ihnen eine Fülle von Informationen an Ihrem Handgelenk liefert: Zeit in einer anderen Stadt, UVI-Index, Wetter usw.

Wenn Sie Ihre Uhr aktualisiert oder eine neue bekommen haben, werden Sie vielleicht etwas überrascht sein, dass sie jetzt ein Schwarz-Weiß-Zifferblatt hat. Kein Grund zur Sorge! Die Farbe ist immer noch vorhanden und lässt sich schnell ändern: Halten Sie einfach die Taste gedrückt, wählen Sie "Anpassen" und blättern Sie mit der Digitalkrone zu Multicolor und drücken Sie dann die digitale Krone zweimal.

KALEIDOSKOP

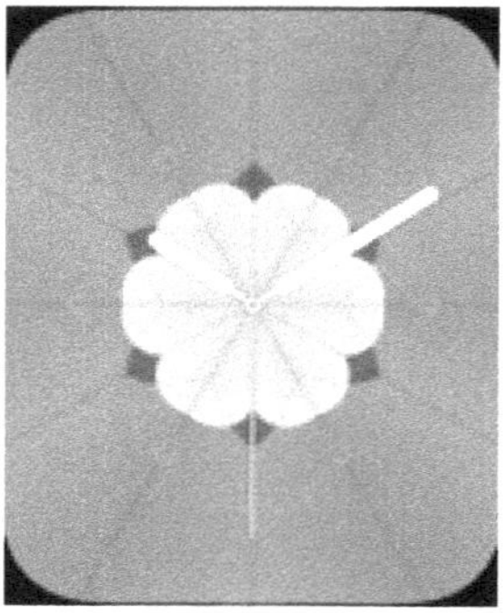

Das Gesicht wechselt die Muster je nach Ihren Vorlieben.

FLÜSSIGMETALL

Animiert mit schmelzendem Metall, wenn Sie Ihr Handgelenk heben.

Stolz / Stolz Analog

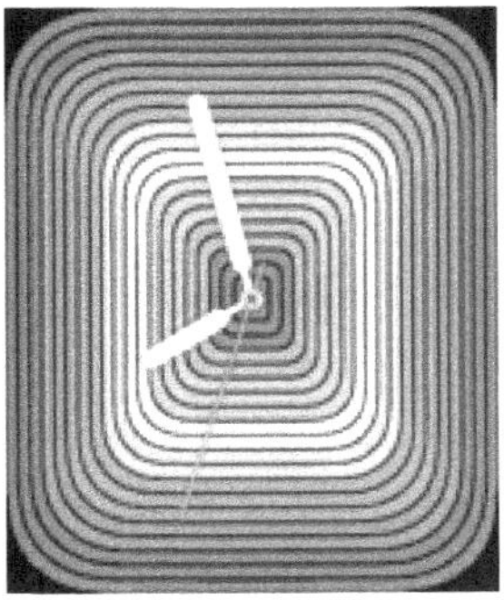

Die Farben des Stolzes sind schon seit langem auf der Apple Watch zu sehen; seit OS 6 und auch in OS 7 ist ein neues analoges Gesicht enthalten.

Astronomie

Weltraumfans werden sich über dieses Gesicht freuen! Du kannst das Gesicht so einstellen, dass es den Mond, die Erde oder das Sonnensystem zeigt.

Dieses Zifferblatt zeigt Ihnen die genaue Position der verschiedenen Planeten sowie Tag, Datum und Uhrzeit an.

Lunar

Lunar zeigt die Mondkalender, die in der chinesischen, islamischen, hebräischen und anderen Kulturen verwendet werden.

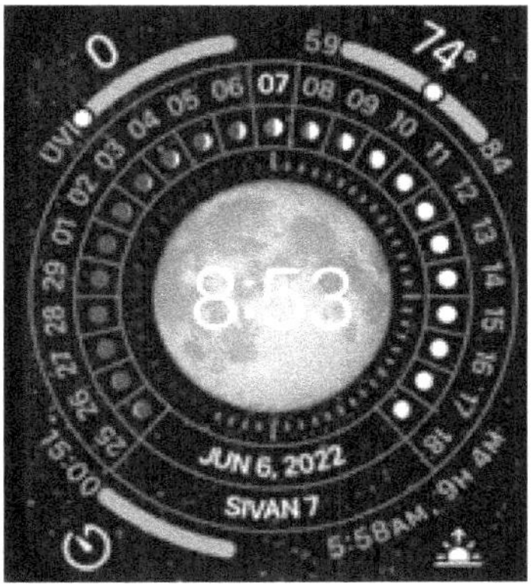

Spielzeit

Playtime erzeugt eine animierte, spielerische Darstellung der Zahlen auf dem Ziffernblatt der Uhr. Sie können die digitale Krone drehen und sehen, wie sich der Hintergrund und das herabfallende Konfetti verändern - die Figuren reagieren auch, wenn Sie auf sie tippen.

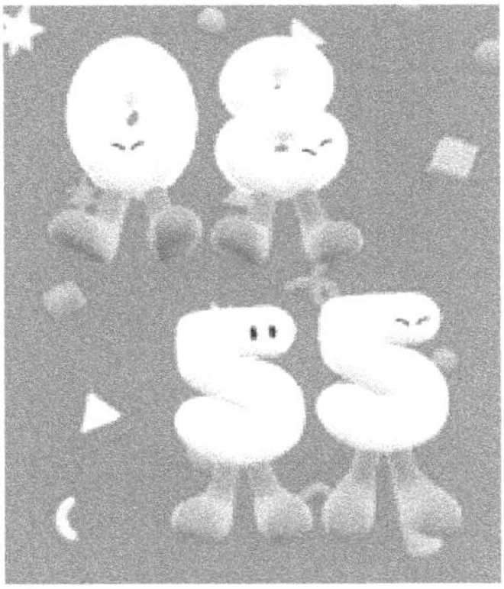

Großstadt

Fühlen Sie sich ein bisschen klassisch? Probieren Sie das Metropolitan-Gesicht. Wenn Sie die Digitalkrone drehen, ändert sich sogar der Stil.

CHRONOGRAPH (PRO)

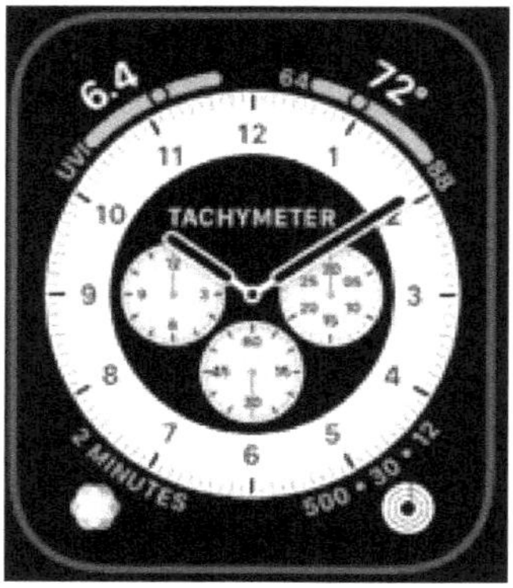

Ein sehr präzises und klassisches Zifferblatt mit einer Stoppuhr, die über das Zifferblatt aktiviert werden kann. Folgendes kann angepasst werden:

Zifferblattdetails und Zifferblattfarbe. Außerdem können Sie dem Zifferblatt Folgendes hinzufügen: Datum, Mondphase, Sonnenaufgang/Sonnenuntergang, Kalender, Wetter, Aktien, Aktivitätsübersicht, Alarm, Timer, Batterieladung und Weltzeituhr.

FARBE

Ein sehr einfaches Zifferblatt, dessen Hauptfunktion darin besteht, die Farben zu ändern. Folgendes kann eingestellt werden: Zifferblattfarbe. Dem Zifferblatt kann Folgendes hinzugefügt werden: Datum, Mondphase, Sonnenaufgang/Sonnenuntergang, Wetter, Aktivitätsübersicht, Stoppuhr, Timer, Batterieladung, Weltzeituhr und Ihr Monogramm.

SIRI

Das Siri Gesicht sieht nicht so aus, wie Sie es vielleicht erwarten; wenn Sie an Siri denken, denken Sie vielleicht an die Wellen, die erscheinen, wenn Sie "Hey Siri" sagen; das Gesicht der Uhr wirft einen Blick auf Ihren Tag (wie Ihre Kalendertermine, Verkehr und Wetter) und zeigt ihn auf organisierte Weise an; Sie können die digitale Krone um weitere Ereignisse zu sehen.

Snoopy

Raten Sie mal! Der beste Hund der Welt, Snoopy, kommt auf die Apple Watch! Bei diesem Zifferblatt dreht sich alles um Snoopy, der mit seinem Kumpel Woodstock herumtollt. Du kannst die beiden dabei beobachten, wie sie sich amüsieren - direkt an deinem Handgelenk! Außerdem gibt es diese coole "Sunday Surprise"-Einstellung: Wenn du sie anschaltest, wechselt der Hintergrund jeden Sonntag die Farbe und erinnert so an die sonntäglichen Comics. Wie lustig ist das denn?

Palette

Darf ich vorstellen: Palette! Dieses Zifferblatt erweckt Farben zum Leben, mit dynamischen Farbtönen, die verschiedene Elemente beleuchten, und Farbverläufen, die mit der Bewegung des Sekundenzeigers umher tanzen. Stell dir das vor: eine analoge Uhr in der Mitte, um die herum vier praktische Funktionen angeordnet sind - Workout, Wegpunkt geparktes Auto, Timer und Musik. Und wissen Sie was? Sie können mit den Farben spielen! Außerdem ist die Uhr mit vielen nützlichen Funktionen wie Aktivität, Alarme, Wetter und sogar Walkie-Talkie ausgestattet! Du hast also jede Menge Möglichkeiten, es nach deinen Wünschen zu gestalten! Cool, oder?

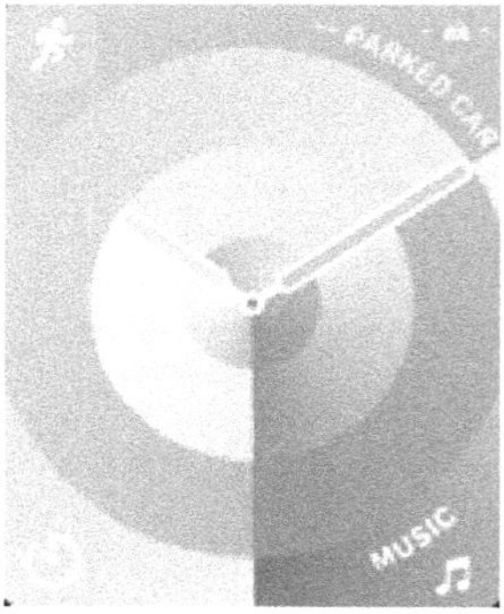

Solar Analog

Entdecken Sie Solar Analog! Dieses Zifferblatt ist wie ein kleiner Ausschnitt des Tages an deinem Handgelenk, mit Licht und Schatten, die sich je nach Sonnenstand bewegen. Oben wird das Datum angezeigt, und direkt darunter kannst du deine Nachrichten abrufen. Hast du Lust auf ein bisschen Individualisierung? Spielen Sie mit Farbe, Stil und Licht, um die Uhr an Ihre Stimmung anzupassen! Und jetzt kommt der Clou: Sie ist vollgepackt mit praktischen Funktionen - von Aktivitäten und Alarmen über Wetter und Training bis hin zu einem Walkie-Talkie! Es ist, als hätte man einen Mini-Tagesplaner direkt am Handgelenk!

Nike Weltkugel

Darf ich vorstellen: Nike Globe! Diese Uhr hat einen coolen Retro-Sci-Fi-Look und bietet dir bis zu vier Komplikationen. Stell dir vor, du hast in der Mitte eine Digitaluhr und rundherum die Funktionen Workout, Parked Car Waypoint, Timer und Musik! Willst du etwas Abwechslung? Dann spielen Sie doch mit den Farben! Und hör zu, es geht nicht nur ums Aussehen - die Nike Globe ist mit allen möglichen Funktionen ausgestattet! Egal, ob du mit dem Nike Run Club läufst, deine Gesundheit im Auge behältst oder einfach nur dein geparktes Auto finden willst - diese Uhr hat alles, was du brauchst! Es ist wie eine kleine Kommandozentrale direkt an deinem Handgelenk!

Modular Ultra

(Nur auf Apple Watch Ultra Geräten verfügbar)

Das ist die Modular Ultra! Stellen Sie sich vor, Sie hätten ein Zifferblatt mit sieben Komplikationen und sechs coolen Zeitlayouts. Mit einer großen Komplikation in der Mitte ist es ein Kinderspiel, wichtige Daten wie die Kompassrichtung oder eine laufende Stoppuhr im Blick zu behalten. Lust auf mehr? Sie haben Echtzeit-Tiefen- oder Höhendaten und tickende Sekunden an den Rändern. Vergessen Sie nicht die raffinierte Nachtversion, die auf rotes Licht umschaltet, damit Ihre Nachtsicht intakt bleibt! Höhenangaben auf beiden Seiten, praktische Komplikationen wie Musik und Kompass oben, eine Digitaluhr etwas weiter unten und zusätzliche Extras wie Mondphase und Weltzeit am unteren Rand, mit der aktuellen Höhe ganz am Ende. Lust auf eine Veränderung? Passen Sie die Farbe, den Stil und den Nachtmodus nach Belieben an! Dieses Zifferblatt ist wie ein Mini-Dashboard an deinem Handgelenk, mit allem, was dazugehört, von der

Gesundheitsüberwachung bis hin zu Abkürzungen und Wetter-Updates.

SONNENUHR

Dieses Zifferblatt verfügt über ein 24-Stunden-Zifferblatt, das dem Lauf der Sonne folgt; das Zifferblatt (entweder analog oder digital) bewegt sich entgegengesetzt zum Lauf der Sonne.

Zeitraffer

Verfügt über Zeitraffer-Videos, die sich im Laufe der Zeit von morgens über nachmittags bis nachts verändern (Sie können auch Ihre Digital Crown bewegen); Sie können zwischen Natur- und Stadtlandschaften wählen. Zurzeit stehen folgende Landschaften zur Auswahl: Mack Lake, New York, Hongkong, London, Paris und Shanghai.

Weltzeit

Sie möchten es stilvoll halten? Dann könnte das World Time Face genau das Richtige für Sie sein. Damit kannst du die Zeit in allen 24 Zeitzonen auf einmal messen. Klingt ein bisschen überladen, oder? Vielleicht, aber sie haben einen Weg gefunden, das zu schaffen - und dabei auch noch umwerfend auszusehen.

FOTOS

Das beste Zifferblatt zum Schluss, wie viele meinen: Fotos. Mit Fotos können Sie eine Diashow von Fotos und die Uhrzeit anzeigen. Jedes Mal, wenn Sie Ihr Handgelenk heben, erwartet Sie also etwas Neues. Live-Fotos haben sogar Animationen!

Um dieses Gesicht hinzuzufügen, wischen Sie bei allen Zifferblättern ganz nach links und tippen Sie dann auf Neu.

Scrollen Sie nun nach unten zu Fotos und tippen Sie einmal darauf.

Wenn Sie nur ein bestimmtes Foto anzeigen möchten, öffnen Sie die Fotos-App auf Ihrer Uhr.

Scrollen Sie zu dem gewünschten Foto. Auf dem Foto unten sehen Sie in der unteren rechten Ecke ein Symbol in Form eines Kreises mit Punkten. Dies zeigt an, dass das Foto ein Live-Foto ist und als Apple Watch-Gesicht animiert wird.

Sobald es auf dem Bildschirm angezeigt wird, drücken Sie fest darauf. Daraufhin wird eine Option angezeigt, mit der Sie es zum Zifferblatt machen können.

Sie können ein normales Zifferblatt oder ein abstraktes Zifferblatt (Kaleidoskop) erstellen.

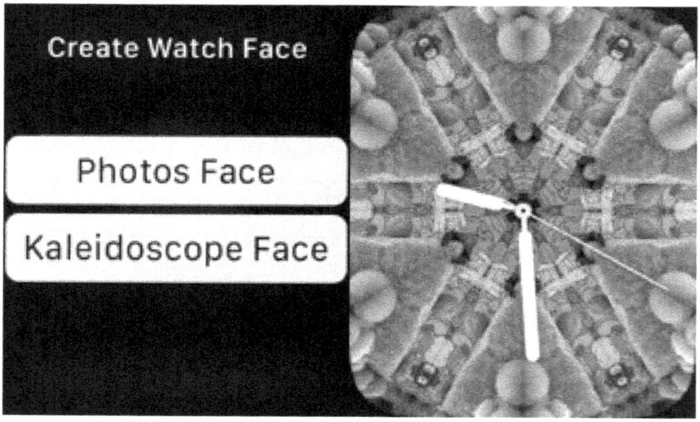

Wenn Sie ein Zifferblatt entfernen möchten, gehen Sie einfach wie gewohnt zum Ändern des Zifferblatts und wischen Sie nach oben.

PORTRAIT ZIFFERBLATT

Das Hochformat ist einer der besten Fotostile auf dem iPhone, und Sie können es auch auf die Uhr bringen. Das wirklich Intuitive an diesem Zifferblatt ist, dass es nicht nur das Foto ist, sondern eine dynamische Version des Fotos. Drehen Sie die digitale Krone und beobachten Sie, wie die Ebenen des Fotos richtig zur Geltung kommen.

Die ersten Schritte sind etwas anders als bei den meisten Watch Faces, weil man sie nicht direkt auf der Uhr durchführt. Wenn du das Gesicht aufrufst, wird dir eine Vorschau angezeigt, aber du wirst aufgefordert, es auf dem Telefon zu machen.

Öffnen Sie Ihr iPhone, gehen Sie zur Watch App und dann zur Gesichtsgalerie. Wählen Sie Porträts und Sie werden wieder sehen, dass Sie es nicht hinzufügen können. Diesmal steht in der Meldung, dass Sie Bilder hinzufügen müssen. Tippe auf

"Bilder auswählen" und wähle dann die Porträtfotos aus, die du auf deinem Gesicht haben möchtest.

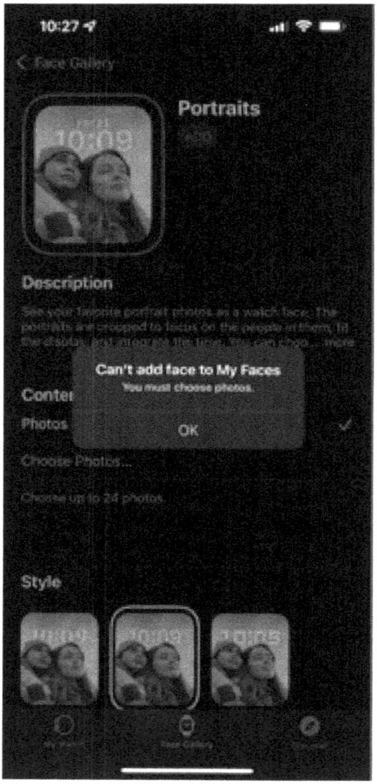

Sie können es nach Belieben gestalten. Wenn Sie fertig sind, tippen Sie auf die Schaltfläche Hinzufügen.

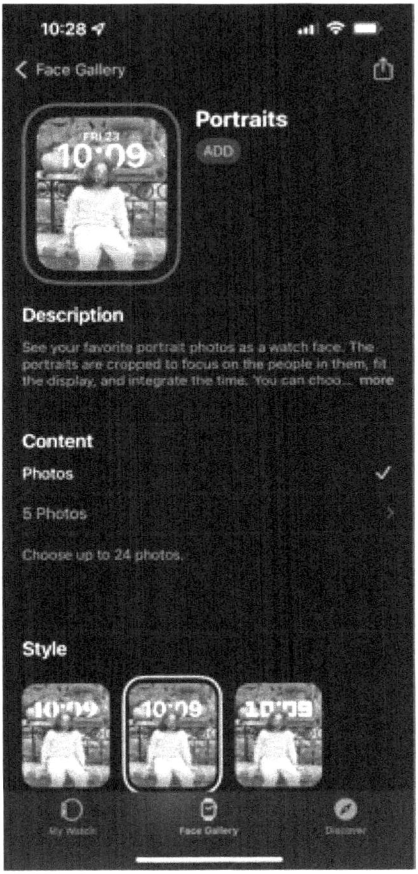

Sie können sie jetzt auf Ihrer Uhr sehen und bearbeiten.

Ein Zifferblatt bearbeiten

Für jedes Zifferblatt gibt es unterschiedliche Anpassungsmöglichkeiten; bei einigen kann man nur sehr wenig ändern, bei anderen gibt es Dutzende von Möglichkeiten.

Um Änderungen an einem Gesicht vorzunehmen, halten Sie es drei Sekunden lang angetippt und wählen Sie dann Bearbeiten.

Als Beispiel zeige ich ein Memoji Gesicht, weil es hier viele Bearbeitungsmöglichkeiten gibt. Sehen Sie auf der rechten Seite einen kleinen Scrollbalken? Du kannst sie nach oben oder unten ziehen und das Memoji-Zeichen austauschen.

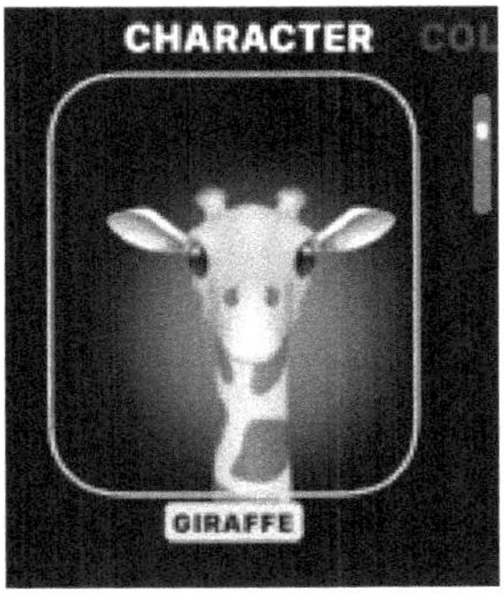

Sobald Sie das gewünschte Zeichen gefunden haben, können Sie es einmal nach rechts ziehen, um in das Menü Farbe zu gelangen. Sie können nun auf der rechten Seite eine Hintergrundfarbe auswählen.

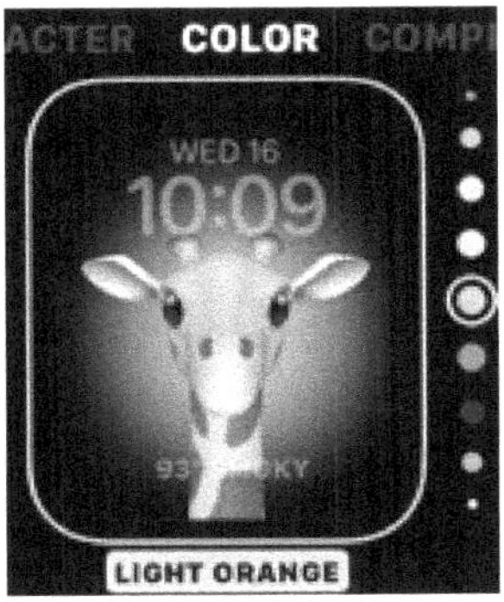

Wischen Sie erneut nach rechts, um die verfügbaren Komplikationen zu sehen. Nicht alle Komplikationen sind auf diesem Gesicht verfügbar.

Wenn ich mit meinen Änderungen zufrieden bin, kann ich die Digital Crown drücken, um sie zu speichern.

Gemeinsame Nutzung eines Zifferblatts

Wenn du mehrere Minuten damit verbringst, ein Zifferblatt zu erstellen, dann bist du wahrscheinlich ziemlich stolz, oder? Warum es nicht teilen?

Drücken Sie zum Teilen drei Sekunden lang auf das Gesicht, um das Optionsmenü aufzurufen, und tippen Sie dann auf die Schaltfläche Teilen links neben der Schaltfläche Bearbeiten.

Wenn Sie auf "Teilen" tippen, wird eine Nachricht angezeigt; tippen Sie auf "Kontakt hinzufügen", um auszuwählen, für wen Sie sie freigeben möchten. Unter "Nachricht erstellen" können Sie eine Nachricht schreiben oder das Feld leer lassen.

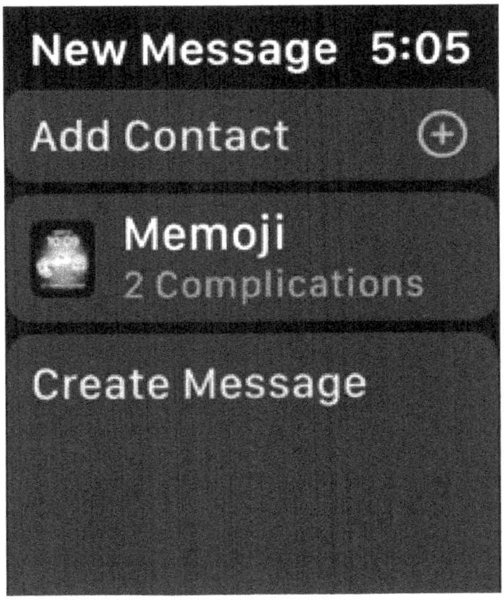

Wenn Sie zufrieden sind, blättern Sie nach unten und tippen Sie auf Senden.

Suche nach einem Zifferblatt

Wenn Sie ein neues Gesicht hinzufügen möchten, das nicht in der Liste der Gesichter enthalten ist, haben Sie zwei Möglichkeiten.

Wenn Sie den Namen des Gesichts kennen, gehen Sie in den App Store auf Ihrer Uhr und suchen Sie nach ihr.

Die zweite Möglichkeit besteht darin, die Website aufzurufen, auf der sich das Gesicht befindet, und auf "Zur Uhr hinzufügen" zu tippen.

Entfernen von eines Zifferblatts

Sobald Sie anfangen, Gesichter hinzuzufügen, werden Sie feststellen, dass Sie zu viele haben und es zu lange dauert, zwischen ihnen zu wechseln.

Sie können ein Gesicht schnell entfernen, indem Sie das Zifferblatt gedrückt halten, zu dem Gesicht wischen, das Sie entfernen möchten, und dann nach oben wischen. Daraufhin wird eine Bestätigung zum Entfernen des Zifferblatts angezeigt. Tippen Sie einfach auf Entfernen und es ist weg.

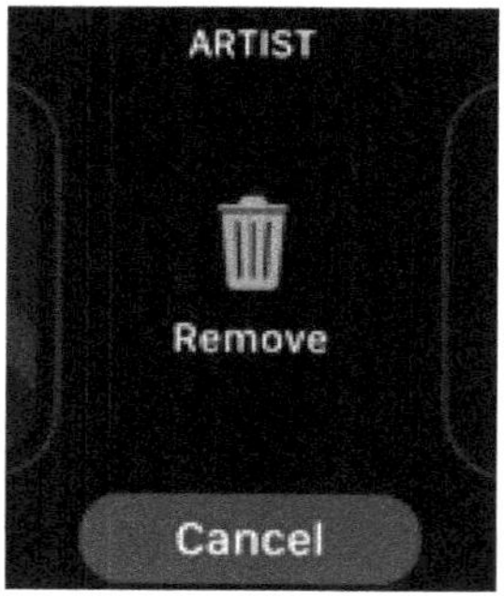

Änderungen auf Ihrem iPhone vornehmen

Wir haben gesehen, wie man ein Gesicht auf der Apple Watch ändern kann; das ist ziemlich einfach. Aber es ist auch ziemlich klein. Wenn Sie das schwierig finden, gibt es eine zweite Möglichkeit: Verwenden Sie Ihr iPhone.

Wenn du die Apple Watch App öffnest, siehst du alle deine Zifferblätter ganz oben auf der Seite. Sie können nach links und rechts wischen, wie Sie es von Ihrer Uhr gewohnt sind.

Wenn Sie das Gesicht bearbeiten möchten, tippen Sie einfach einmal darauf. Alle Änderungen, die Sie an Ihrer Uhr vornehmen können, sind hier zu finden, aber sie sind etwas einfacher zu sehen, weil es mehr Bildschirmfläche gibt.

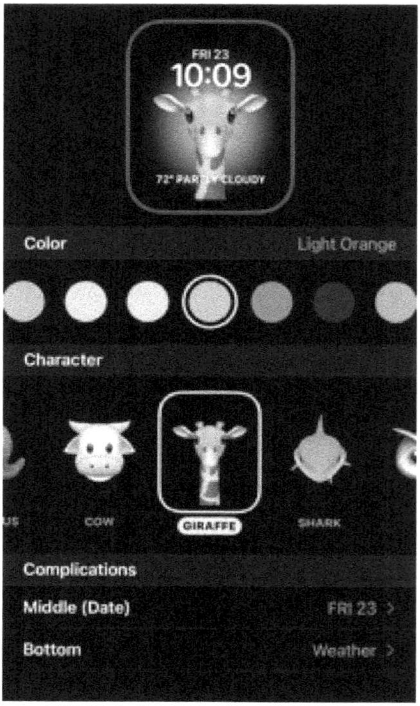

Sobald Sie Ihre Änderungen vorgenommen haben, scrollen Sie einfach nach unten und tippen Sie auf Als aktuelles Zifferblatt festlegen (vorausgesetzt, es ist nicht bereits das aktuelle Zifferblatt); alle Änderungen werden automatisch synchronisiert.

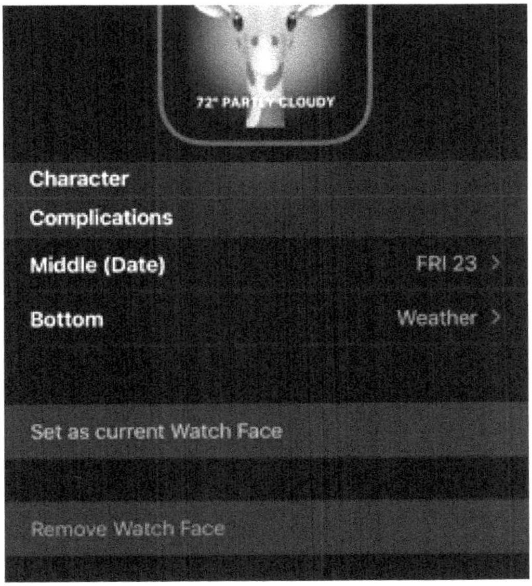

Sie können Ihr Zifferblatt sogar direkt von Ihrem Telefon aus teilen. Tippen Sie einfach auf das Gesicht, das Sie teilen möchten, und tippen Sie auf die Schaltfläche "Teilen" in der oberen rechten Ecke.

Daraufhin wird ein Pull-up-Menü angezeigt, in dem Sie gefragt werden, wie Sie es weitergeben möchten - Sie können es per E-Mail, Slack, SMS usw. versenden.

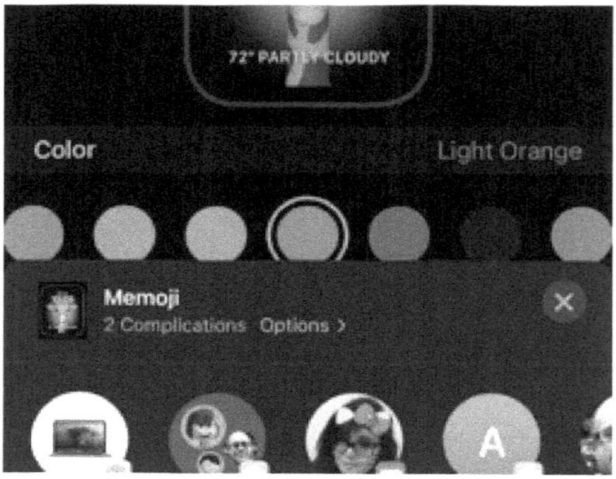

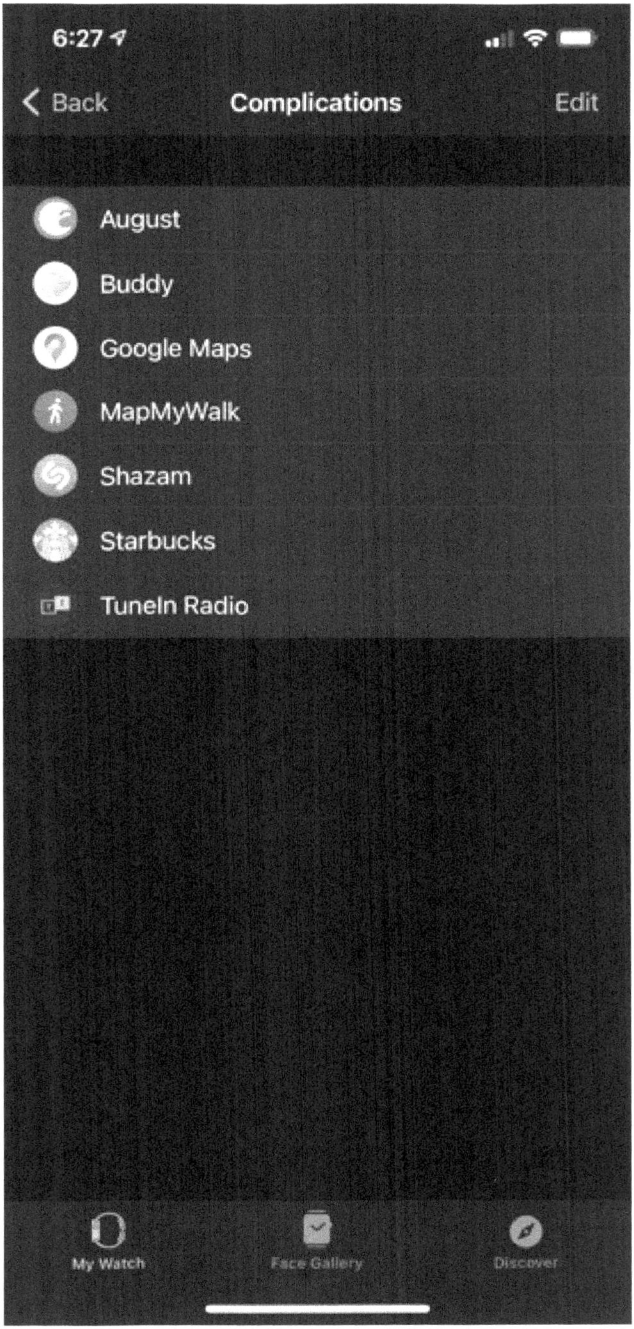
6:27
Back
Complications
Edit
August
Buddy
Google Maps
MapMyWalk
Shazam
Starbucks
TuneIn Radio
My Watch
Face Gallery
Discover

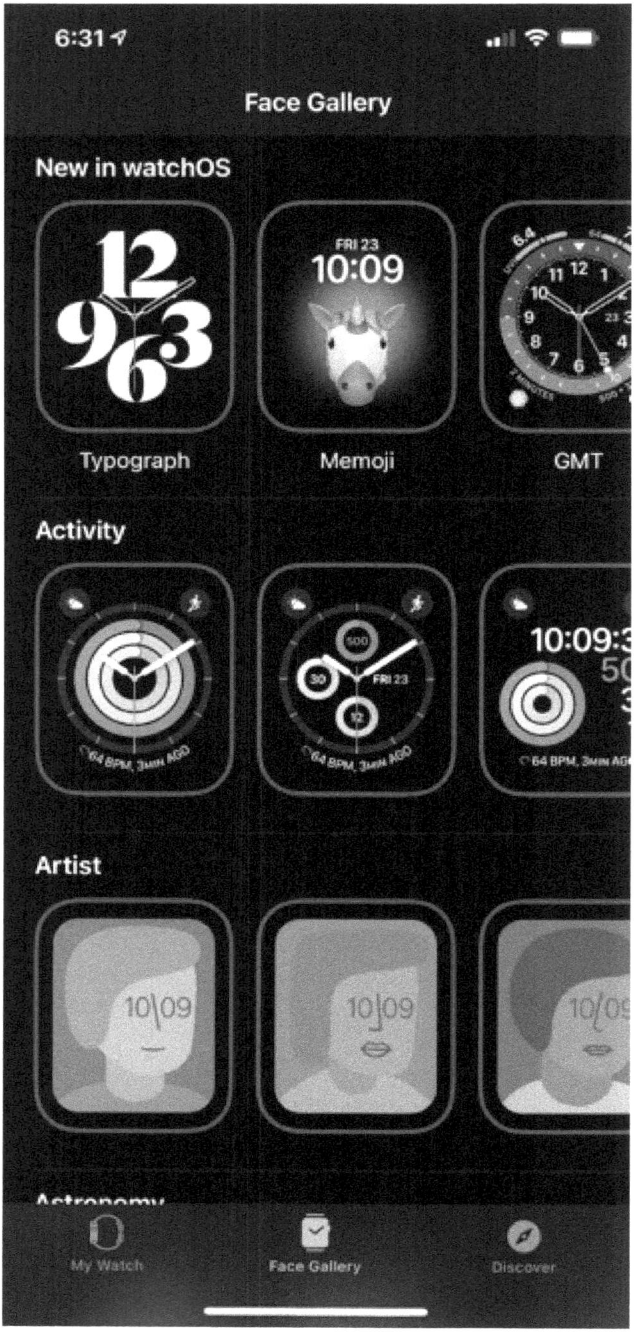
6:31
Face Gallery
New in watchOS
Typograph
Memoji
GMT
Activity
Artist
My Watch
Face Gallery
Discover

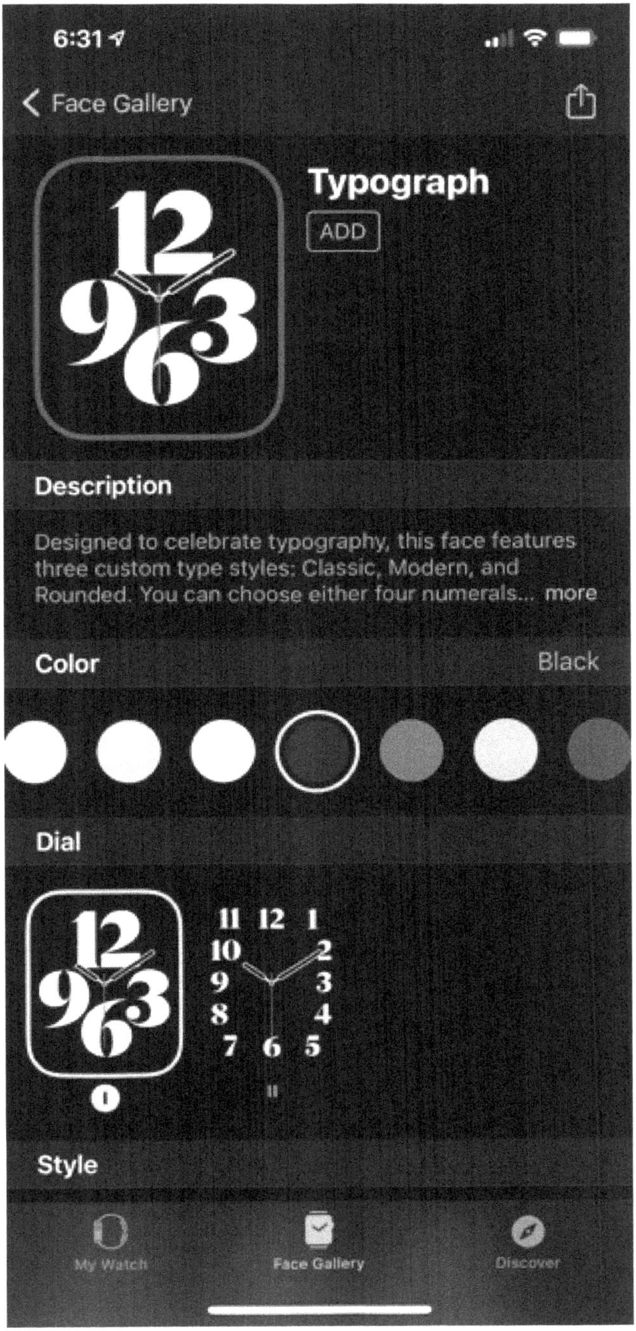
6:31
Face Gallery
Typograph
ADD
Description
Designed to celebrate typography, this face features three custom type styles: Classic, Modern, and Rounded. You can choose either four numerals... more
Color
Black
Dial
Style
My Watch
Face Gallery
Discover

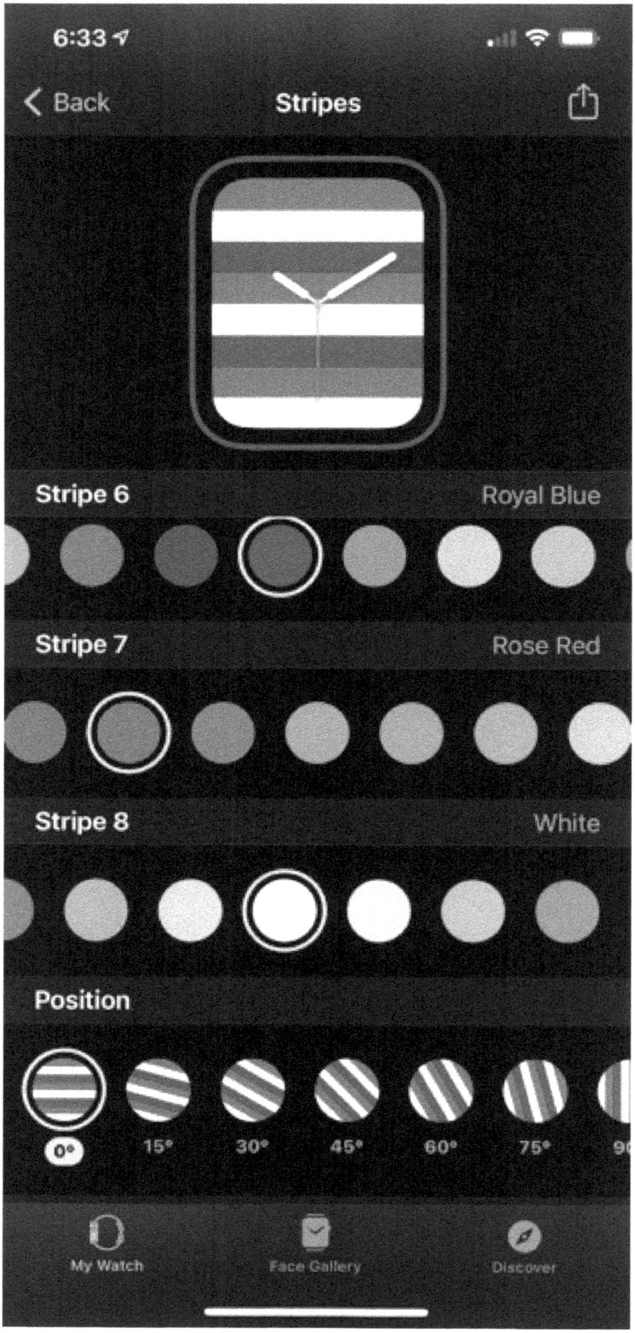
6:33
Back
Stripes
Stripe 6
Royal Blue
Stripe 7
Rose Red
Stripe 8
White
Position
0°
15°
30°
45°
60°
75°
My Watch
Face Gallery
Discover

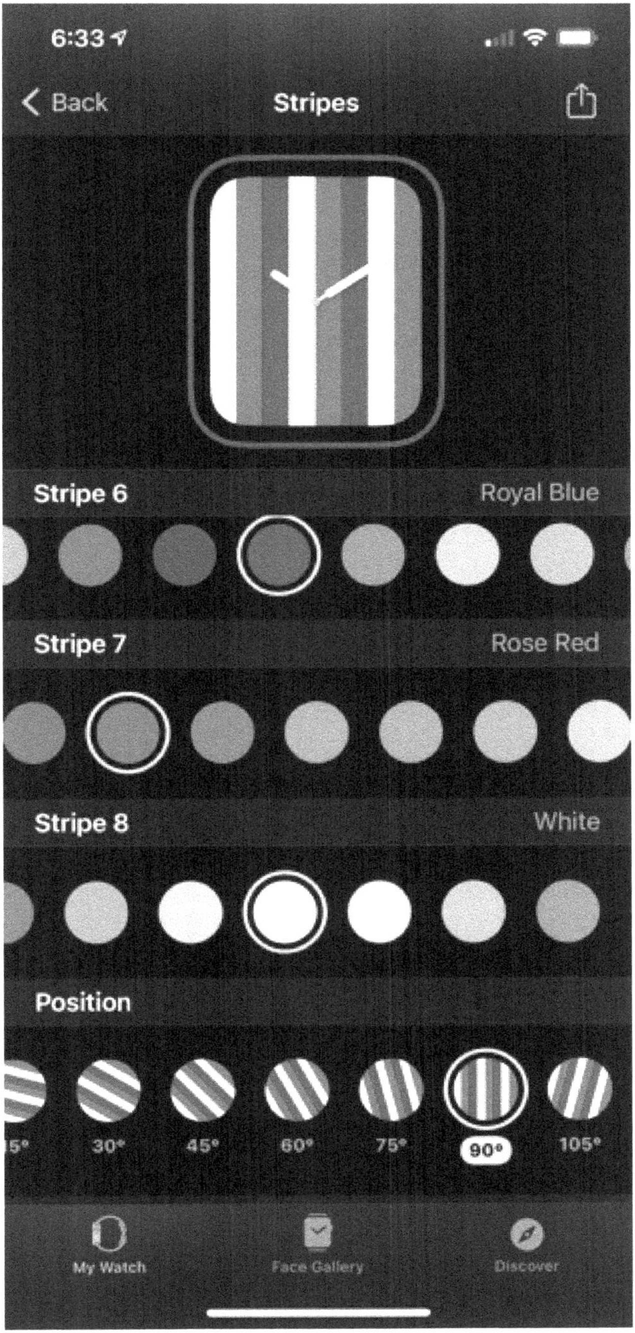
6:33
Back
Stripes
Stripe 6
Royal Blue
Stripe 7
Rose Red
Stripe 8
White
Position
30°
45°
60°
75°
90°
105°
My Watch
Face Gallery
Discover

[7]

WAS KANN DIE UHR SONST NOCH TUN?

Dieses Kapitel behandelt:

- Ein Memoji erstellen
- Versenden/Empfangen von Nachrichten
- Lesen / Senden von E-Mails
- Siri verwenden
- Telefongespräche führen
- Waschen der Hände
- Hinzufügen von Kalenderereignissen
- Erinnerungen einstellen
- Verwendung der Karte
- Verwendung von Fotos
- Hören von Musik
- Nachschlagen des Wetters
- Einstellen von Alarmen und Zeitschaltuhren
- Verwendung der Apple Watch mit dem Apple TV
- Verwendung der Apple Watch als Walkie-Talkie

Memoji

Wenn Sie noch nie ein Memoji erstellt haben auf deinem Handy erstellt hast, hast du etwas verpasst. Sie machen Spaß und lassen sich besser zeigen als erklären. Ganz einfach: Es sind Avatare, die Sie versenden können, um sich auszudrücken.

Du kannst jetzt ein Memoji direkt auf Ihrer Uhr erstellen. Um loszulegen, öffnen Sie die Memoji-App.

Wenn Sie bereits Memojiauf Ihrem Telefon haben, werden sie hier angezeigt. Sie können sie antippen, um sie zu bearbeiten. Um ein neues Memoji zu erstellen, tippen Sie auf das große + Symbol.

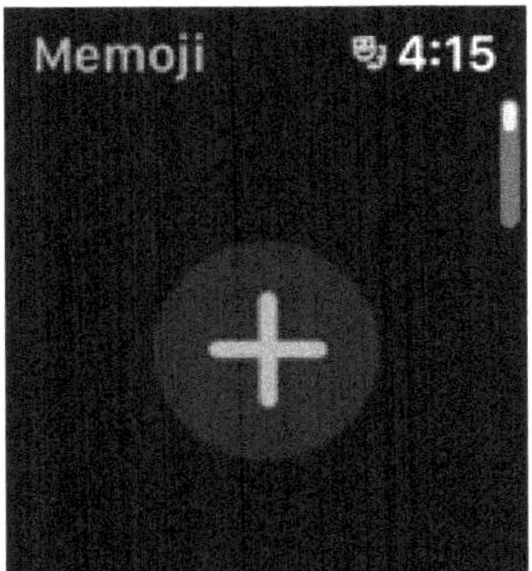

Das erste, was du siehst, ist ein kahles Symbol. Du kannst durch eine ziemlich lange Liste von Dingen blättern, die du ändern kannst: Haut, Frisur, Augenbrauen, Augen, Kopf, Nase, Mund, Ohren, Gesichtsbehaarung, Brillen und Kopfbedeckungen.

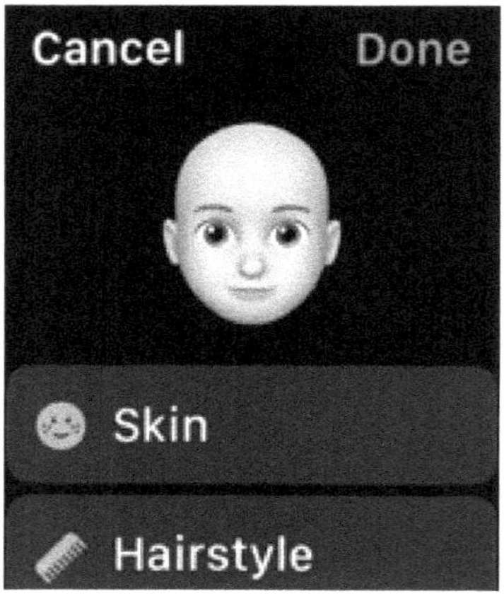

Für jedes Element, das du auswählst, gibt es Untermenüs für noch mehr Dinge, die du ändern kannst. In dem Beispiel unten steht "Farbe" und daneben "Sommersprossen". Wischen Sie einfach horizontal, um das nächste Untermenü aufzurufen.

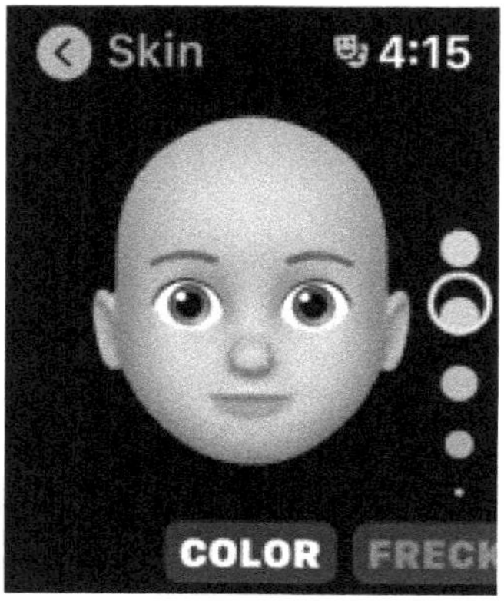

Unter Kopfbedeckung können Sie sogar auswählen, ob Ihr Memoji eine Gesichtsbedeckung tragen soll.

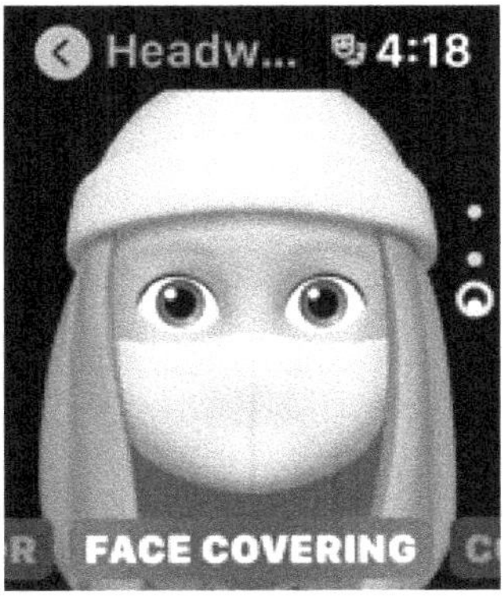

Wenn Sie fertig sind, wählen Sie Fertig. Wenn Sie später etwas ändern möchten, tippen Sie einfach auf das Emoji und wählen Sie aus dem Menü aus, was Sie ändern möchten.

Ein Memoji erstellen Gesicht beobachten

Sie können Ihr Memoji auch als Zifferblatt verwenden. Gehen Sie einfach zur Memoji-App, tippen Sie auf das Memoji, das Sie als Zifferblatt verwenden möchten, und wählen Sie "Zifferblatt erstellen."

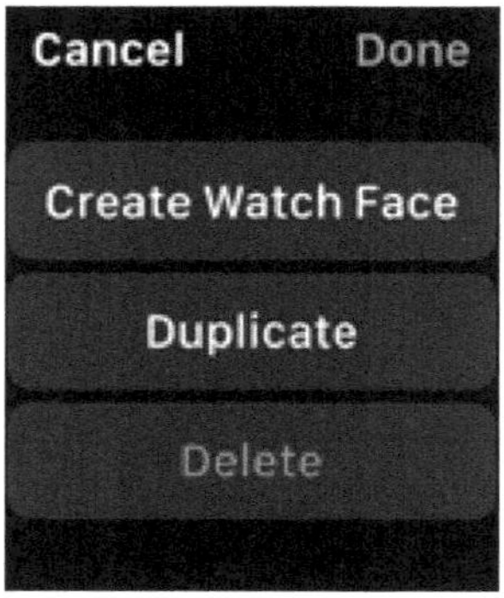

Sobald Sie es erstellt haben, wird es ein wenig wie unten dargestellt aussehen; jedes Mal, wenn Sie Ihr Handgelenk heben, wird es einen anderen Ausdruck haben.

Löschen eines Memoji

Wenn Sie ein Memoji löschen möchtenöffnen Sie einfach die Memoji-App, tippen Sie auf den Avatar, den Sie löschen möchten, scrollen Sie nach unten und tippen Sie auf Löschen.

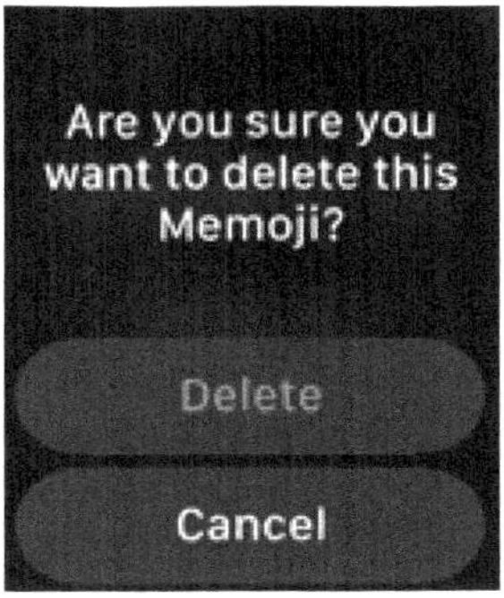

Memoji verwenden in einer Nachricht

Ich werde Nachrichten im nächsten Abschnitt eingehen, aber schon jetzt möchte ich darauf hinweisen, dass Sie jetzt jedes Memoji das Sie in einer Nachricht erstellen.

Öffnen Sie dazu die Nachrichten-App und tippen Sie auf die Schaltfläche Memoji Taste, wenn Sie antworten.

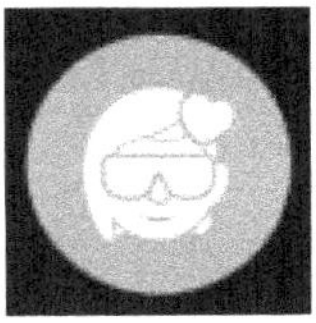

Sie sehen eine Liste aller Ihrer Memoji Aufkleber. Tippen Sie auf den Avatar, den Sie verwenden möchten.

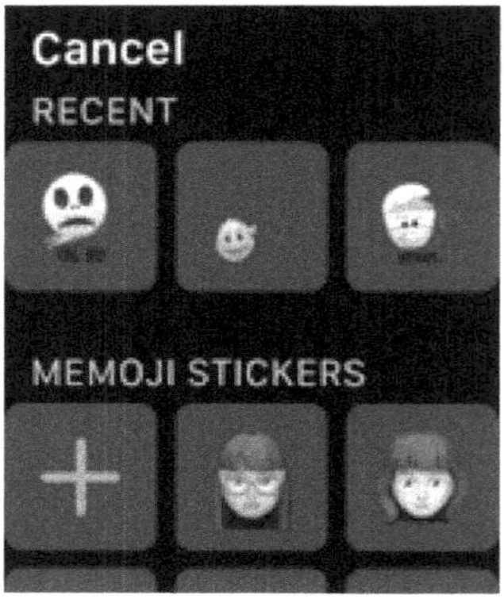

Tippen Sie dann auf die Art des Ausdrucks, die Sie anwenden möchten.

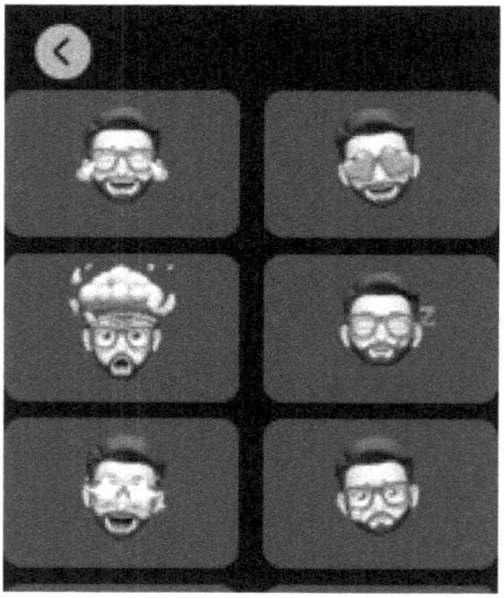

Sie sehen das Memoji jetzt in Ihrer Nachrichtenantwort.

Memoji verwenden auf dem iPhone

Sobald Sie ein Memoji erstellt haben das einer Kunstgalerie würdig ist, wie verwenden Sie es auf Ihrem Handy? Ganz einfach! Öffnen Sie die Nachrichten-App - da ist es schon drin! Es wird automatisch synchronisiert.

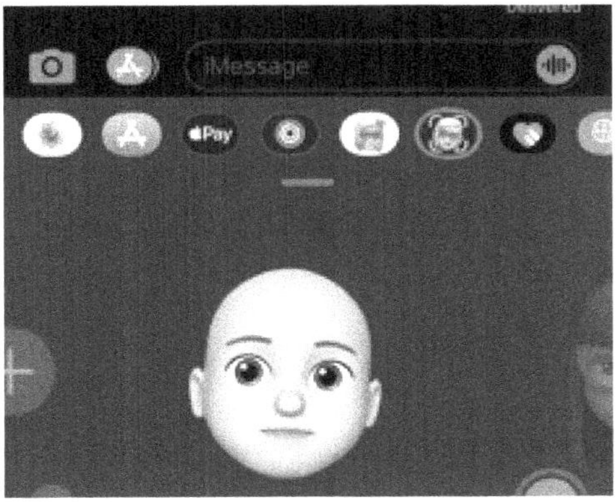

Nachrichten

Das Erste, was Sie über Messages wissen sollten ist, dass dies nicht der Ort ist, an dem Sie einen epischen Liebesbrief schreiben. Es ist der Ort, an dem Sie schnelle Antworten senden. Technisch gesehen könnten Sie etwas Großartigeres schreiben, aber der damit verbundene Zeit- und Arbeitsaufwand macht es ziemlich fruchtlos.

Um eine neue Nachricht zu beginnen, gehen Sie zum Startbildschirm Ihrer Uhr und öffnen Sie die Nachrichten App. Wählen Sie dann Neue Nachricht.

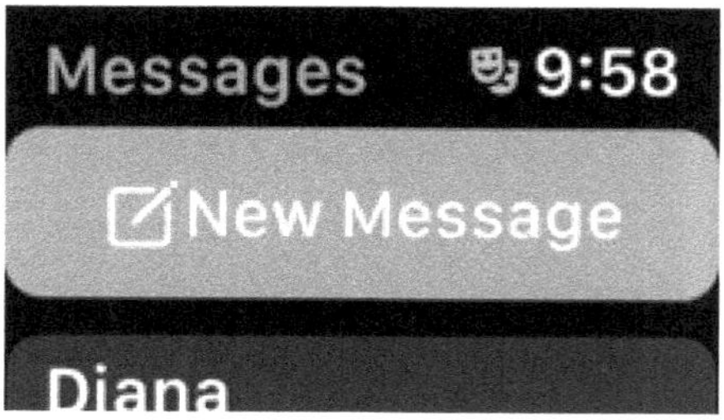

Tippen Sie von hier aus auf Kontakt hinzufügen. Sobald Sie Ihren Kontakt ausgewählt haben, tippen Sie auf Nachricht erstellen.

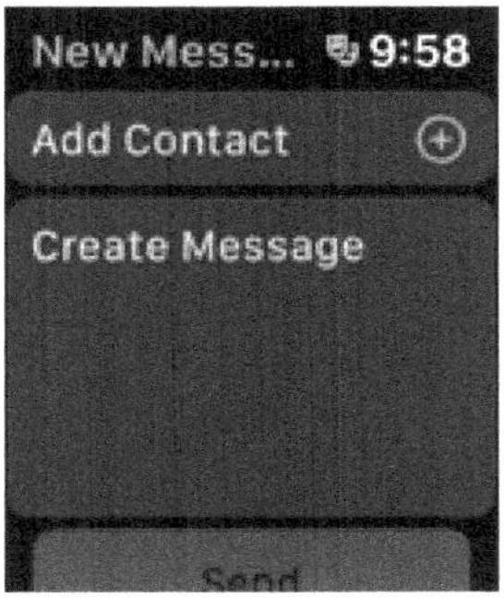

Es gibt mehrere Möglichkeiten, wie Sie eine Nachricht verfassen können. Die erste ist, sie zu diktieren. Wenn Sie diktieren, hört das Gerät zu, was Sie sagen, und transkribiert es - nicht immer genau (vor allem, wenn es laut ist).

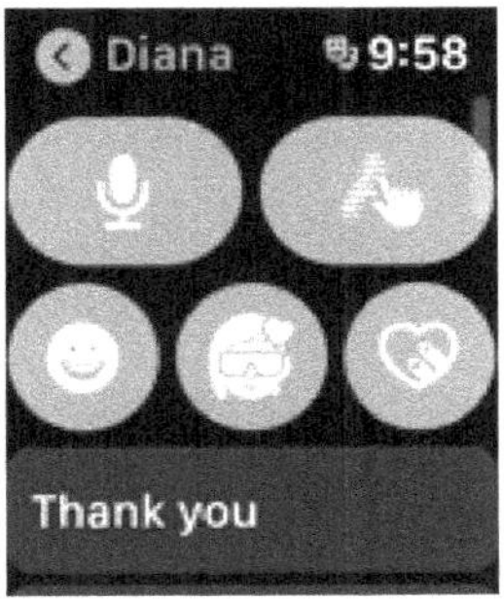

Die zweite Möglichkeit ist, es zu kritzeln. Beim Kritzeln schreiben Sie einen Buchstaben nach dem anderen. Wenn Sie einen Buchstaben ändern möchten, können Sie ihn löschen oder auf ihn tippen und durch weitere Auswahlmöglichkeiten blättern.

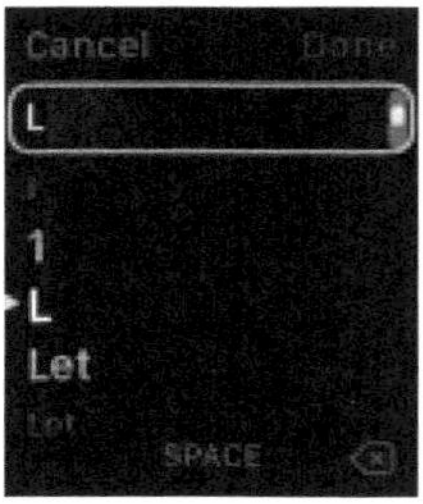

Als Nächstes folgt die Nachricht mit Taps (das ist das Symbol mit dem Herz und dem Finger). Dies ist gut, wenn Sie versuchen, die Aufmerksamkeit einer anderen Person zu erregen, die ebenfalls eine Apple Watch trägt. Sie spüren die Vibration des Taps, die Sie ihnen senden.

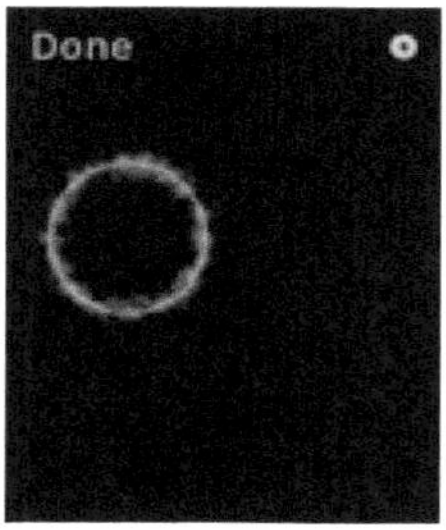

Sie können auch ein Emoji und Memoji's.

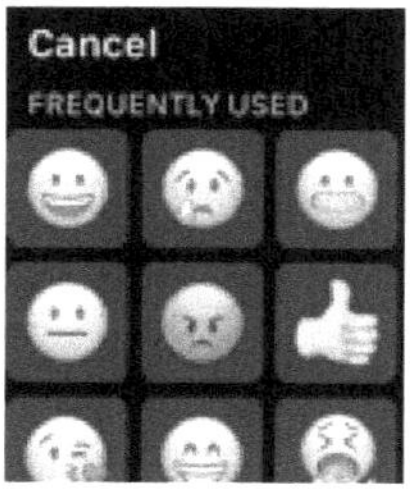

Unter den fünf Möglichkeiten zum Erstellen von Nachrichten befinden sich häufig verwendete Phrasen. Tippen Sie auf eine von ihnen und sie wird der Nachricht hinzugefügt.

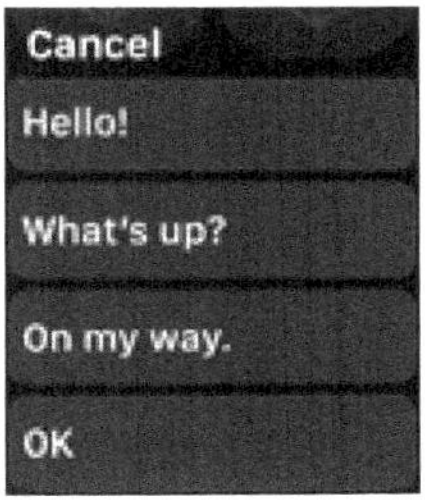

Wenn du eine Nachricht erhältst, tippt die Apple Watch auf dich. Bewegen Sie Ihre Hand zu sich hin und die Nachricht wird automatisch angezeigt. Sobald Sie Ihre Hand wieder ablegen, wird sie wieder ausgeschaltet. Verwenden Sie den seitlichen Knopf der Uhr, um durch die Nachricht zu blättern. Sie haben dieselben Antwortmöglichkeiten wie bei der Anleitung zum Schreiben einer Nachricht (siehe oben).

Der größte Unterschied ist, dass Apple Pay jetzt eine Option ist. Mit Apple Pay können Sie Geld an jemanden senden. Wenn Sie also mit einem Freund zum Mittagessen gehen, können Sie Ihren Anteil an der Rechnung direkt von der Uhr aus bezahlen.

Wenn keine Antwort erforderlich ist, klicken Sie auf die Schaltfläche Wegtreten statt auf die Schaltfläche Antworten.

Wenn Sie keine Nachrichten auf Ihrer Uhr erhalten, ist wahrscheinlich eine Einstellung nicht aktiviert; Sie können die Nachrichten Einstellungen in der Apple Watch App auf Ihrem iPhone ändern.

Tippfehler korrigieren

Das Tippen auf dem winzigen Bildschirm ist nicht die beste Erfahrung; es ist zwar gut, wenn man sein Telefon nicht zur Hand hat, aber es kann trotzdem frustrierend sein. Das gilt besonders, wenn man versucht, einen Tippfehler zu korrigieren. Wenn Sie versuchen, genau auf die Stelle zu tippen, an der Sie den Fehler korrigieren möchten, ist das nicht immer genau. Durch Drehen der digitalen Krone können Sie mühelos zu der Stelle scrollen, die Sie korrigieren möchten.

Vollständige Tastatur

Einer der größten Vorteile der Apple Watch Series 7 und höher gegenüber älteren Geräten ist eine Tastatur in voller Größe. Sie müssen nicht mehr diktieren, was Sie sagen wollen. Diese Tastatur sieht genauso aus wie bei einem großen Gerät. Sie ist zwar immer noch etwas umständlich zu bedienen, aber der zusätzliche Platz auf dem Bildschirm ist sehr hilfreich. Sie unterstützt auch QuickPath, mit dem Sie von Buchstabe zu Buchstabe gleiten können, ohne den Finger zu heben, und sie kann das Wort vorhersagen, das Sie tippen werden.

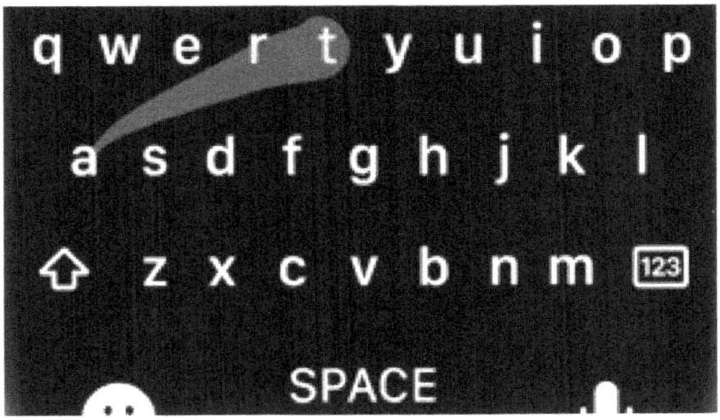

Lesen und Senden von E-Mails

Wenn Sie Post erhalten, bekommen Sie eine Benachrichtigung, aber es gibt auch eine App zum Lesen und Verwalten Ihrer E-Mails. Wie auf dem iPhone heißt die E-Mail-App einfach "Mail".

Rufen Sie die App auf Ihrem Startbildschirm auf und tippen Sie sie an. Sie sieht ziemlich schlicht aus, aber sie hat eine Menge zu bieten. Sie können innerhalb der App durch Ihre Nachrichten blättern. Um eine Nachricht zu lesen, tippen Sie sie an.

Sie können die Nachricht jederzeit auf Ihrem iPhone weiter lesen, indem Sie das Mail-Symbol in der unteren linken Ecke des iPhone-Sperrbildschirms nach oben ziehen. (Hinweis: Die Weiterleitung muss eingerichtet werden. Lesen Sie daher in diesem Buch nach, wie Sie die Weiterleitung einrichten, falls Sie dies noch nicht getan haben).

Die Apple Watch unterstützt zwar HTML-Formate (einschließlich verschiedener Schriftarten und -farben), sieht aber möglicherweise etwas uneinheitlich aus, sodass komplexe Nachrichten am besten auf dem iPhone gelesen werden sollten.

Wenn es sich um eine lange Nachricht handelt, können Sie mit dem Digital Crown verwenden, um durch die Nachricht zu blättern.

Wenn eine Nachricht Telefonnummern oder Adressen enthält, erkennt die Uhr diese automatisch und verwandelt sie in Hyperlinks. Wenn Sie darauf tippen, wird entweder die Telefon- oder die Karten-App aufgerufen (je nachdem, was der Hyperlink ist).

Um eine E-Mail zu beantworten, müssen Sie sie mit dem iPhone verfassen.

Verwaltung der Post

Eine E-Mail kennzeichnen

Wenn Sie eine E-Mail auf der Uhr lesen, können Sie fest auf das Display drücken und dann auf Markieren tippen. Sie können auch eine Nachricht aus Ihrer Nachrichtenliste markieren, indem Sie die Nachricht nach links streichen und dann auf "Mehr" tippen.

Als ungelesen markieren

Wenn Sie eine Nachricht als ungelesen markieren möchten, gehen Sie zu Ihrer Nachrichtenliste, streichen Sie nach links, tippen Sie auf Mehr und dann auf Ungelesen.

Löschen einer E-Mail

Wenn Sie eine Nachricht löschen möchten, gehen Sie zu Ihrer Nachrichtenliste, streichen Sie nach links, tippen Sie auf Mehr und dann auf Papierkorb. (Hinweis: Wenn Ihre E-Mail so eingerichtet ist, dass eine Nachricht archiviert wird, sehen Sie die Schaltfläche Archiv statt der Schaltfläche Papierkorb).

Auswählen der angezeigten Posteingänge

Sie möchten vielleicht nicht, dass alle Ihre E-Mails auf Ihrer Uhr erscheinen. Nehmen wir an, Sie haben eine Arbeits-E-Mail, eine Familien-E-Mail und eine Spam-E-Mail, und Sie möchten, dass nur Ihre Familien-E-Mail angezeigt wird. In diesem Fall öffnen Sie die Apple Watch App auf Ihrem iPhone, tippen Sie auf "Meine Uhr" und gehen Sie dann zu "Mail" und "Mail einschließen". Legen Sie fest, welche Postfächer angezeigt werden sollen und welche nicht.

Alarme anpassen

Wenn du ändern möchtest, wie du benachrichtigt wirst, wenn du Post bekommst (oder wenn du überhaupt keine Benachrichtigungen möchtest), dann gehe zur Apple Watch App auf deinem iPhone und tippe auf "Meine Uhr", dann auf "E-Mail-Benachrichtigungen" und "Benachrichtigungen anzeigen". "Ton" sind Benachrichtigungen, die Geräusche machen, und "Haptisch" sind Benachrichtigungen, die vibrieren.

NACHRICHTENLISTE

Wenn Sie feststellen, dass Ihre E-Mail-Nachrichtenliste einfach zu lang ist, können Sie die Anzahl der Zeilen in der Vorschau reduzieren, indem Sie die Apple Watch App aufrufen, auf "Meine Uhr" tippen und dann zu "Mail" und "Nachrichtenvorschau" gehen; wählen Sie zwei Zeilen, eine Zeile oder keine Zeilen aus.

SIRI

Wenn Sie Siri auf dem iPhone liebst, wirst du sie an deinem Handgelenk noch mehr lieben. Du magst sie nicht? Gib ihr eine zweite Chance, denn sie hat ein kleines Upgrade bekommen.

Sie können auf Siri auf zwei Arten zugreifen (Sie werden schnell feststellen, dass es für die meisten Aufgaben auf der Uhr mehrere Möglichkeiten gibt):

1. Drücken Sie den Digital Crown Drehknopf.
2. Heben Sie Ihr Handgelenk und sprechen Sie (verabschieden Sie sich von "Hey Siri"). Sagen Sie einfach, was Sie wissen möchten (z. B. "Wie ist das Wetter in Paris?", "Wer hat gestern Abend das Yankee-Spiel gewonnen?"); Sie können mit Siri Apps öffnen, Alarme einstellen, Freunde anrufen - so ziemlich alles, was Ihnen einfällt. Da viele Uhren über keine eingebaute Tastatur verfügen, ist Siri wichtiger denn je.

TELEFONGESPRÄCHE FÜHREN

Auch wenn Sie vielleicht nicht gleich eine Apple Watch kaufen, um Dick Tracy zu sein und vom Handgelenk aus zu telefonieren, so ist es doch eine nette Idee... und es ist ziemlich einfach zu machen.

Sobald Ihre Uhr mit Ihrem iPhone synchronisiert ist, können Sie Anrufe tätigen und entgegennehmen.

Wenn ein Anruf eingeht, können Sie ihn stummschalten, indem Sie Ihre Hand auf die Uhr legen. Wenn Sie den Anruf an Ihr Telefon senden oder mit einer SMS antworten möchten, bewegen Sie Ihren

Finger über die Digitalkrone und blättern Sie nach unten.

Um den Anruf anzunehmen, drücken Sie die grüne Taste; um den Anruf abzulehnen, drücken Sie die rote Taste. Das ist genauso, als ob Sie einen Anruf auf Ihrem iPhone erhalten würden. Die Uhr verwendet ein integriertes Mikrofon, wenn Sie in die Uhr sprechen. Es ist nicht die beste Qualität, aber es erfüllt seinen Zweck.

Um einen Anruf zu tätigen, haben Sie zwei Möglichkeiten:

Gehen Sie zu Ihrem Startbildschirm und tippen Sie auf das Symbol Telefon.

Die andere Option ist die einfachste; diese Option ist die Verwendung von Siri. Heben Sie einfach Ihr Handgelenk und sagen Sie: "NAME DER PERSON anrufen". Wenn die falsche Person angerufen wird, drücken Sie einfach die Taste "Auflegen". Wenn Sie das schnell genug tun, wird der Anruf nicht durchgestellt.

Kalender

Die Kalender App auf der Apple Watch zeigt Ereignisse an, die Sie heute und in der nächsten Woche geplant haben oder zu denen Sie eingeladen wurden. Die Apple Watch zeigt Ereignisse für alle Kalender an, die Sie auf Ihrem iPhone verwenden.

Um Ihren Kalender anzuzeigen, öffnen Sie die App Kalender App auf der Startseite oder in der

App-Liste. Sie können auch auf das Tagesdatum auf dem Zifferblatt tippen, wenn Sie diese Option hinzugefügt haben.

Es gibt drei verschiedene Kalendermodi. Um zwischen ihnen zu wechseln, gehen Sie zur App Einstellungen und tippen Sie auf Kalender.

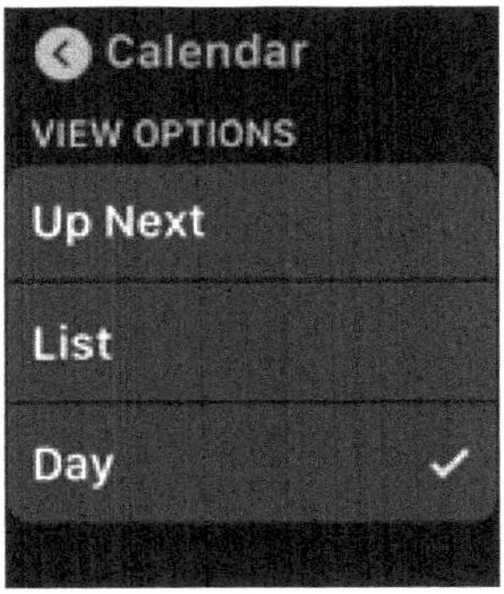

Die erste Ansicht ist die "Up Next"-Ansicht, in der Sie eine große Übersicht über alle Ihre Ereignisse sehen - ein Ereignis nach dem anderen. Wenn Sie auf ein Ereignis tippen, werden die Ereignisdetails angezeigt und Sie haben die Möglichkeit, es zu bearbeiten.

Die Listenansicht zeigt alle Ihre Ereignisse in einer zusammengeklappten Ansicht. Wenn Sie darauf tippen, wird das Ereignis vergrößert und Sie können es bearbeiten oder Details anzeigen.

Die Ansicht "Heute" schließlich zeigt Ihnen alle Ereignisse in Ihrem Kalender für einen einzigen Tag.

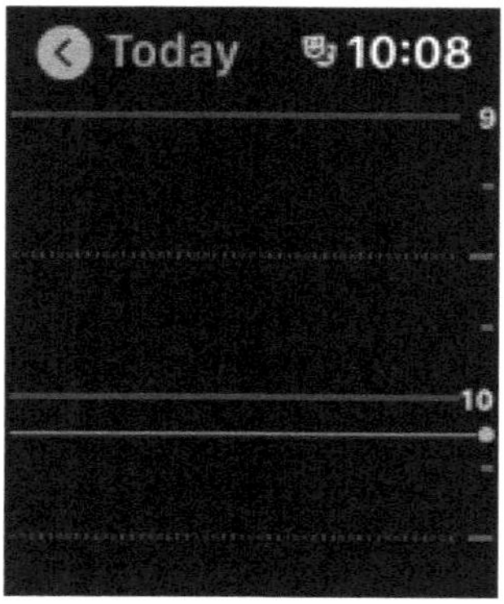

Sie können auch sehen, was in Ihrem Tag vor sich geht, indem Sie Ihr Handgelenk heben und sagen: "Sirisag mir, was heute los ist."

Wenn Sie den ganzen Monat sehen möchten, tippen Sie auf das "<" in der oberen linken Ecke der Kalender-App. und tippen Sie dann auf den Monatskalender; wiederholen Sie den Schritt, um zur Tagesansicht zurückzukehren. Wenn Sie sich in der Monatsansicht befinden, werden alle Tage, an denen Sie eine Aktivität haben, rot hervorgehoben.

Hinzufügen von Ereignissen

Um ein Ereignis hinzuzufügen, müssen Sie die Kalender App auf Ihrem iPhone öffnen. Wenn Sie sich in der Kalender-App auf Ihrer Uhr befinden, erscheint ein Kalendersymbol auf dem Sperrbildschirm Ihres iPhones - wischen Sie einfach nach oben und Sie gelangen sofort zu Ihrem Kalender.

Sie können Siri bitten ein Ereignis für Sie hinzufügen.

Antworten auf Veranstaltungseinladungen

Wenn Sie eine Einladung zu einem Ereignis erhalten, wird diese als Benachrichtigung angezeigt; wischen Sie einfach darüber oder drehen Sie den Knopf der digitalen Krone wenn Sie sie sehen, und tippen Sie dann auf Annehmen, Vielleicht oder Ablehnen.

In der Einladung ist auch der Veranstalter angegeben. Um eine E-Mail an den Veranstalter zu senden, drücken Sie fest auf das Display, während Sie sich die Veranstaltungsdetails ansehen; Sie können ihm dann entweder eine Sprachnachricht senden oder ihn anrufen.

Um die Einstellungen Ihres Kalenders anzupassen, öffnen Sie die Apple Watch App auf dem iPhone, tippen Sie auf "Meine Uhr" und anschließend auf "Kalender"..

Mahnungen

Wenn Sie Erinnerungen auf dem iPhone verwenden, dann werden Sie vielleicht enttäuscht sein, dass es keine Erinnerungen App auf der Apple Watch gibt.

ErinnerungenEs gibt zwar keine App, aber wenn Sie auf Ihrem iPhone mit der Erinnerungs-App eine Erinnerung erstellen, wird diese auch auf Ihrer Uhr angezeigt.

Sie können auch eine Erinnerung auf Ihrer Uhr erstellen, indem Sie SiriHeben Sie einfach Ihr Handgelenk und sagen Sie: "Hey Siri, setze eine Erinnerung".

Karte

Es gibt mehrere Möglichkeiten, die Karte auf Ihrer Apple Watch zu verwenden; die einfachste ist, die App Maps App in der Liste der Apps. Hier sehen Sie Ihren aktuellen Standort und die Umgebung, die Sie mit der digitalen Krone zum Vergrößern oder Verkleinern verwenden. Verwenden Sie Ihren Finger, um durch die Karte zu scrollen/ schwenken. Wenn Sie auf den Pfeil in der unteren linken Ecke tippen, wird der aktuelle Standort aktualisiert.

Um die Karte zu durchsuchen, tippen Sie auf die drei Punkte in der unteren rechten Ecke.

Daraufhin wird die Option angezeigt, entweder nach etwas zu suchen oder zu einer Transitansicht zu wechseln. Sie wollen natürlich hier suchen.

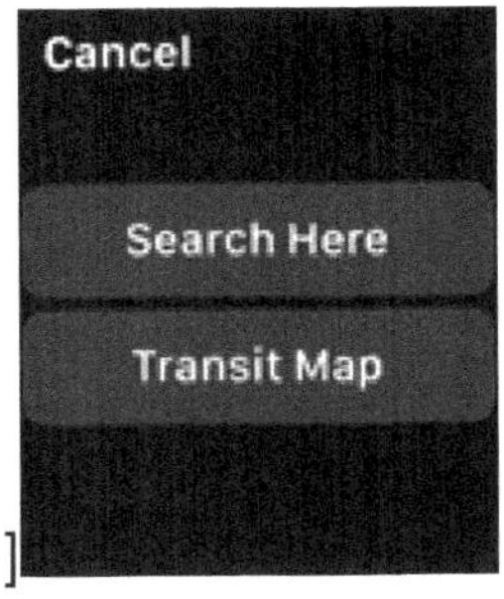

]

Daraufhin werden drei Optionen angezeigt: Diktieren Sie einen Ort (das Mikrofonsymbol), kritzeln

Sie einen Ort (das Fingersymbol), oder suchen Sie nach der Adresse eines Kontakts (das Personensymbol). Darunter befinden sich auch mehrere Orte in der Nähe, nach denen Sie suchen können. Wenn Sie z. B. nach einem Schnellimbiss suchen, wird durch Tippen auf dieses Symbol eine Liste mit Schnellimbissen in der Nähe angezeigt.

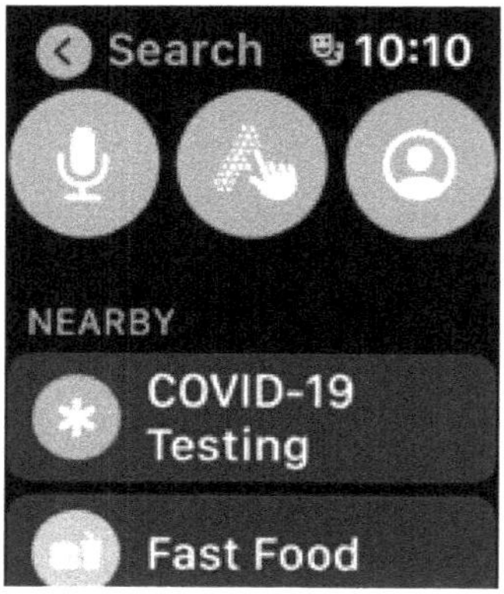

Im Falle von tatsächlichen Standorten (Unternehmen und nicht nur Adressen) erhalten Sie auch Informationen über die Öffnungszeiten.

Darunter haben Sie die Möglichkeit, die gewünschte Art der Wegbeschreibung (zusammen mit der benötigten Zeit) auszuwählen: zu Fuß, mit dem Auto, mit dem öffentlichen Nahverkehr oder mit dem Fahrrad. Die Wegbeschreibung ändert sich je nachdem, was Sie auswählen. Wenn Sie beispielsweise zu Fuß gehen, kommen Sie durch Straßen, die Sie mit dem Auto nicht erreichen würden.

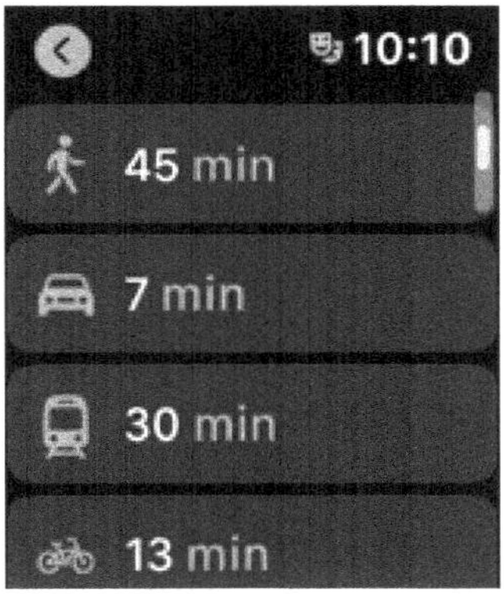

Sie können auch eine Stecknadel in einen Bereich stecken, in den Sie gehen möchten. Um eine Stecknadel hinzuzufügen, berühren und halten Sie einfach die Karte (nicht fest) und warten Sie, bis die Stecknadel herunterfällt. Wenn Sie die Stecknadel nach dem Fallenlassen antippen, wird die Adresse angezeigt. Um die Stecknadel zu verschieben, bewegen Sie den Mauszeiger einfach über einen neuen Ort und setzen Sie eine neue Stecknadel. Wenn Sie sich nicht sicher sind, wie die Adresse einer Person lautet, können Sie eine ungefähre

Adresse erhalten, wenn Sie eine Stecknadel in der Nähe des Standorts ablegen.

Wegbeschreibung

Die Abbiegehinweise auf der Apple Watch sind eine der wichtigsten Funktionen, und sie sind wirklich einfach zu bedienen.

Wenn Sie einen Text mit einer Adresse erhalten, wird die Adresse automatisch in einen Hyperlink umgewandelt; klicken Sie darauf, und es öffnet sich sofort eine Karte. Sie können die Karte vergrößern und verkleinern, indem Sie den Digital Crown Drehknopf.

Wenn Sie keine Nachricht mit der Adresse erhalten haben, gehen Sie zum Startbildschirm Ihrer Uhr und tippen Sie auf das Symbol Karten auf das Symbol Karten; die Karte zeigt Ihren aktuellen Standort an. Um eine Adresse zu finden, tippen Sie mit dem Finger fest auf das Display. Sie erhalten die Möglichkeit, entweder nach der Adresse zu suchen oder eine der Adressen Ihrer Kontakte zu verwenden. Wenn Sie nach einer Adresse suchen, haben Sie die Möglichkeit, eine kürzlich verwendete Adresse zu verwenden oder die Adresse per Diktat zu sprechen.

Wenn die Adresse angezeigt wird, gibt es zwei Optionen: eine Wegbeschreibung mit dem Auto und eine zu Fuß. Wenn Sie zu Fuß gehen, ändert sich nicht nur die Zeit, die Sie benötigen, sondern Sie können auch Wege gehen, die ein Auto nicht gehen kann. Sobald Sie Ihre Auswahl durch Antippen getroffen haben, drücken Sie einfach die Schaltfläche "Start".

Eine der coolen Funktionen der Karte sind die Abbiegehinweise. Wenn es an der Zeit ist, abzubiegen, tippt deine Uhr auf dich, um deine Aufmerksamkeit zu erregen. Noch cooler ist es, wenn Sie die Wegbeschreibung auf Ihrem Telefon starten, wird sie auch auf Ihrer Uhr angezeigt.

Fotos

Um Fotos auf der Apple Watch anzuzeigen, rufen Sie die App "Fotos" auf dem Startbildschirm Ihrer Uhr auf. Da die Uhr keine Fotos aufnehmen kann, sehen Sie nur die Fotos aus Ihrem iPhone-Album. Standardmäßig ist die Uhr so eingestellt, dass sie nur Ihr Favoriten-Album anzeigt, aber Sie können dies ändern.

Sobald die App geöffnet ist, tippen Sie einfach auf das gewünschte Foto und verwenden Sie die Digital Crown zum Vergrößern oder Verkleinern und verwenden Sie Ihren Finger zum Schwenken. Zoomen Sie ganz heraus, um alle Ihre Fotos zu sehen.

Ein Album auswählen

Wenn Sie ein anderes Album für die Anzeige auf Ihrer Uhr auswählen möchten, öffnen Sie die Apple Watch App auf dem iPhone und tippen Sie auf

"Meine Uhr", dann auf "Fotos und synchronisiertes Album und wählen Sie das Album aus, das Sie synchronisieren möchten. Sie können auch ein neues Album mit Fotos von Ihrem Telefon erstellen.

Lagerung

Um den Fotospeicher zu begrenzen, öffnen Sie die Apple Watch App auf dem iPhone, tippen Sie auf "Meine Uhr" und gehen Sie dann zu "Fotos" und "Fotolimit".

Sie können sehen, wie viele Fotos sich derzeit auf Ihrer Apple Watch befinden, indem Sie auf dem Startbildschirm der Uhr die App "Einstellungen" öffnen, auf "Allgemein" und dann auf "Info" tippen. Sie können dies auch auf Ihrem Telefon sehen, indem Sie die Apple Watch App öffnen und dann auf Meine Uhr, Allgemein und Info tippen.

Kamera Sucher

Die Uhr hat zwar keine eingebaute Kamera, aber eine ziemlich geniale Funktion, mit der Sie die Uhr als externen Kamerasucher und Auslöser für Ihre iPhone-Kamera verwenden können.

Damit das funktioniert, darf die Uhr nicht weiter als 30 Fuß von Ihrem iPhone entfernt sein.

Um ein Foto aufzunehmen, öffnen Sie die Kamera App auf dem Home-Bildschirm Ihrer Uhr und positionieren Sie dann das iPhone so, dass Sie das Foto mit der Apple Watch als Sucher aufnehmen können. Wenn Sie die Belichtung ändern möchten, tippen Sie einfach auf den Bereich, den Sie in der Vorschau auf Ihrer Apple Watch fokussieren möchten, und drücken Sie den Auslöser auf Ihrer Uhr. Sie können das Foto auf Ihrer Uhr in der Vorschau ansehen, aber das Foto wird auf dem iPhone gespeichert.

Neben dem Auslöser befindet sich eine Timer-Taste; wenn Sie eine zeitgesteuerte Aufnahme machen möchten, tippen Sie auf diese Taste. Mit dem Timer können Sie Serienaufnahmen machen, die sich hervorragend für Action-/Sportfotos eignen.

Musik

Die Musik App befindet sich natürlich auf dem Startbildschirm, aber Sie können sie schneller erreichen, indem Sie auf dem Bildschirm nach oben wischen.

Wie fast alles auf der Uhr, können Sie auch Musik mit Siri abspielen. Heben Sie einfach Ihr Handgelenk und sagen Sie: "Spiel Bob Dylan".

Wenn Musik abgespielt wird, tippen Sie auf die obere Ecke und Sie haben die Möglichkeit, durch Künstler, Alben, Playlist und Songs zu blättern (blättern Sie mit dem Digital Crown Drehknopf).

Die Uhr synchronisiert sich automatisch mit Ihrem Telefon und spielt die auf Ihrem iPhone gespeicherte Musik ab. Das ist toll, wenn dein Handy in der Nähe ist, aber manchmal hast du dein Handy nicht in der Nähe und möchtest Musik direkt auf deiner Uhr hören. Du kannst ganz einfach Musik auf deine Uhr laden.

Um Musik hinzuzufügen, schließen Sie Ihre Uhr an ihr Ladegerät an und öffnen Sie dann die Apple Watch App auf Ihrem iPhone. Tippen Sie anschließend auf Musik (befindet sich ganz unten). Tippen Sie anschließend auf "Wiedergabeliste synchronisieren" und wählen Sie die Lieder aus, die Sie hinzufügen möchten.

Um Musik direkt von Ihrer Uhr abzuspielen, öffnen Sie die Musik App und drücken Sie beim Öffnen der App fest auf den Bildschirm. Daraufhin wird ein neues Menü mit vier Optionen geöffnet: Zufallswiedergabe, Wiederholen, Quelle und Airplay. Wählen Sie Quelle. Wählen Sie dann Apple Watch. Die App führt Sie nun durch die Kopplung Ihrer Uhr mit Bluetooth Kopfhörern, um die Musik zu hören.

Im vorherigen Menü können Sie auch Airplay auswählen, um Ihre Uhr mit einem Airplay-fähigen Lautsprecher zu koppeln.

BESTÄNDE

Wenn Sie eine oder mehrere Aktien von Ihrer Uhr aus überwachen möchten, öffnen Sie die Aktien App. Sie können Details zu einer Aktie anzeigen, indem Sie sie in der Liste antippen und dann die Digital Crown drehen, um zu scrollen.

Sie können Siri auch verwenden verwenden, um einen Aktienkurs zu ermitteln, indem Sie sagen: "Was war der Schlusskurs der Aktie XYZ?"

WETTER

Um Wetterinformationen zu öffnen, öffnen Sie die Wetter App, indem Sie sie auf dem Startbildschirm der Uhr öffnen. Die Wetter-App zeigt die 10-Tage-Vorhersage, die aktuellen Temperaturen und Bedingungen sowie die Regenwahrscheinlichkeit an.

Die Wetter App wird mit Ihrem iPhone synchronisiert. Wenn Sie also eine Stadt hinzufügen oder entfernen möchten, können Sie dies über Ihr Telefon tun.

Sie können die Standardstadt, die auf Ihrer Uhr angezeigt wird, ändern, indem Sie die Apple Watch

App auf Ihrem iPhone öffnen, auf "Meine Uhr" tippen und dann auf "Wetter und Standardstadt.

TÄTIGKEIT

Eine der Funktionen, die Apple mit der Apple Watch bewirbt, ist AktivitätEiner der Gründe, die Uhr zu tragen, ist, wenn man Apple glauben darf, dass sie einen dazu bringen soll, sich mehr zu bewegen. Das ist für mich schwer zu verkaufen, denn ich bin ein fauler Sack!

Die App ist in drei Fitnessziele unterteilt: Stehen Sie mindestens eine Minute pro Stunde auf, erreichen Sie Ihr Kalorienverbrauchsziel durch mehr Bewegung (Sie können Ihr Ziel festlegen) und sammeln Sie 30 Minuten einer Aktivität, die mehr Bewegung als einen flotten Spaziergang erfordert. Für jedes dieser Ziele gibt es Ringe. Wenn Sie Ihre Ziele erreichen, füllen sich die Ringe, und am Ende des Tages sollten sie im Idealfall voll sein.

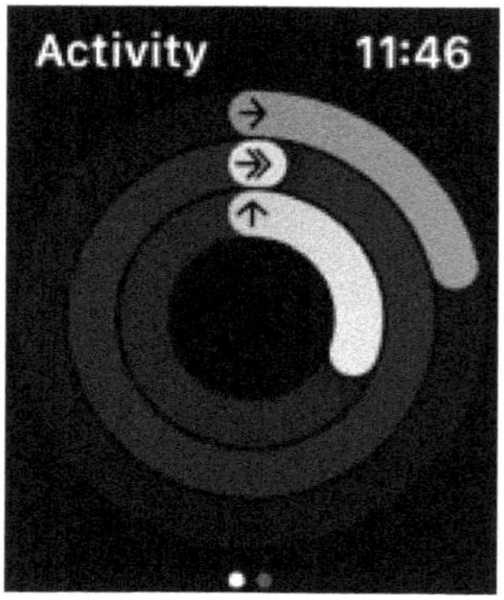

Um loszulegen, tippen Sie auf Ihrem Home-Bildschirm auf die Aktivität App. Wenn Sie die App zum ersten Mal öffnen, erhalten Sie eine kurze Anleitung, was die App ist und wie sie Ihnen hilft, ein glücklicheres und gesünderes Leben zu führen. Sobald Sie die Anleitung beendet haben, müssen Sie einige persönliche Daten eingeben - dies ist nur für Sie bestimmt und Sie machen es nur einmal. So können Sie sicherstellen, dass die App so genau wie möglich ist. Drehen Sie für jeden Abschnitt die digitale Krone um Ihre Informationen einzugeben.

Wenn Sie fertig sind, geben Sie Ihr Aktivitätsniveau an. Sie können dies später ändern, wenn Sie sich also nicht sicher sind, wählen Sie ein niedrigeres und kein höheres Niveau. Als Nächstes wird Ihnen Ihr vorgeschlagenes Ziel angezeigt, das Sie akzeptieren oder anpassen können. Wenn Sie fertig sind, tippen Sie auf Bewegung starten. Ihre App verfolgt Sie jetzt im Hintergrund. Sie müssen nicht jeden Tag etwas Neues beginnen.

Sie können die Aktivität App jederzeit aufrufen, indem Sie sie auf dem Startbildschirm antippen. Das erste, was Sie sehen, sind alle Ringe zusammen. Sie können Ihre digitale Krone verwenden, um detailliertere Informationen zu den Ringen anzuzeigen.

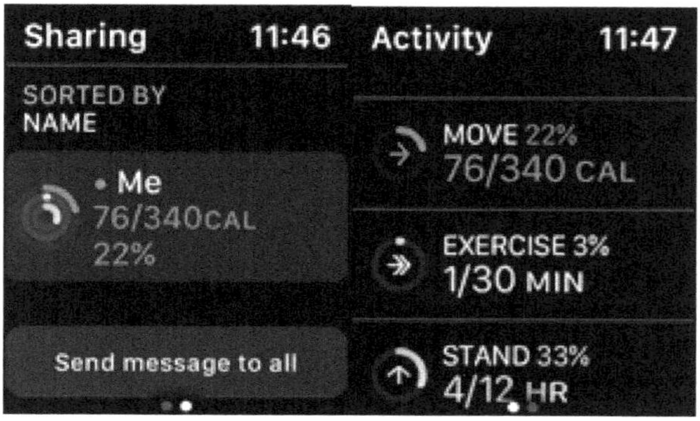

Sie können Ihre Ziele jederzeit ändern, indem Sie die App öffnen und dann fest auf das Display drücken. Sie können sich auch Erinnerungen schicken lassen, um Sie zu ermutigen, Ihre Ziele zu erreichen.

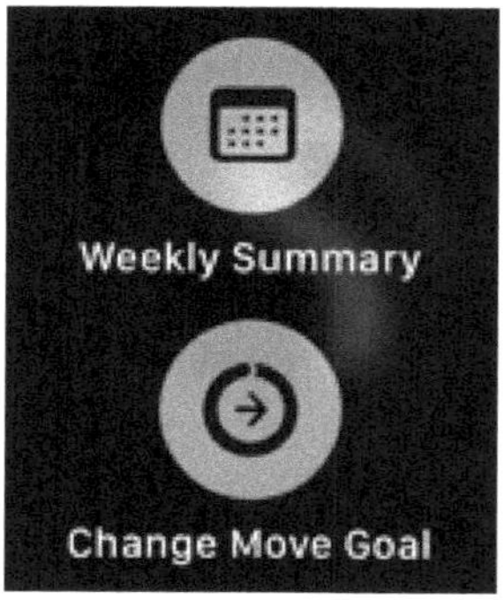

In der Aktivität App auf Ihrem iPhone können Sie Ihren Aktivitätsverlauf und detailliertere Berichte über Ihre Aktivitäten einsehen. Die Messungen werden immer genauer, je öfter du die Uhr trägst und je besser sie dein Verhalten kennt.

Wenn Sie schließlich in der Aktivität-App nach links wischen App nach links wischt, kann man seine Aktivitätsziele mit anderen teilen. Das ist perfekt für einen Faulpelz wie mich, der seinen Ehepartner gerne daran erinnert, dass er den ganzen Tag nur herumsitzt.

Die meisten Menschen, mich eingeschlossen, sitzen etwas mehr, als sie zugeben wollen. Wir sitzen bei der Arbeit, wir sitzen auf dem Weg von der Arbeit nach Hause, und wir sitzen, wenn wir nach Hause kommen. Das Problem beim Sitzen ist, dass es nicht gut für unsere Gesundheit ist.

Apple hilft mit einem neuen Stehziel in WatchOS. Mit dem neuen Modus können Sie ein Ziel festlegen, wie lange Sie stehen möchten.

Das Ziel ist es, Sie dazu zu bringen, mehr zu stehen, auch wenn Sie bei Ihrer Arbeit sonst sitzen müssten; es wird Sie dazu motivieren, kurze Pausen einzulegen und aufzustehen, was Ihren Blutkreislauf fördert.

WORKOUT

Workout ist eine Art Begleiter von Activity auch wenn es dafür eine eigene App gibt. Der Sinn der App ist es, den Fortschritt während einer Trainingseinheit zu verfolgen und neue Meilensteine zu erreichen.

Tippen Sie auf Ihrem Startbildschirm auf die Workout-App und Sie sehen sofort Dutzende von verschiedenen Trainingseinheiten. Sie reichen von flotten Spaziergängen bis hin zu intensiveren Workouts - sowohl drinnen als auch draußen. Für das Laufen in der Halle und im Freien oder das Gehen und Radfahren im Freien können Sie auch ein Entfernungsziel festlegen. Sie können auch kein Ziel festlegen und einfach loslegen.

Workouts werden von Jahr zu Jahr intelligenter. Beim Radfahren im Freien kann zum Beispiel erkannt werden, ob Sie ein Fahrrad im Freien oder ein stationäres Fahrrad benutzen, und es werden sogar Anpassungen vorgenommen, wenn Sie ein elektronisches Fahrrad fahren - denn Sie verbrennen offensichtlich weniger Kalorien.

Im Folgenden finden Sie einige der Trainings, aus denen Sie wählen können:

- Spaziergang im Freien
- Lauf im Freien
- Fahrrad im Freien
- Spaziergang im Haus
- Indoor-Lauf
- Indoor-Zyklus
- Elliptisch
- Pilates
- Tai Chi
- Ruderer
- Treppengänger
- Hochintensives Intervalltraining (HIIT)
- Wandern
- Yoga
- Funktionelles Krafttraining
- Tanz
- Abklingzeit
- Grundausbildung

- Pool schwimmen
- Freiwasserschwimmen

Wenn Sie nicht sehen, was Sie gerade tun, tippen Sie auf Training hinzufügen (nein, hier können Sie nicht das Fitnessziel "fernsehen"). Dadurch werden auch Optionen für die folgenden Sportarten angezeigt: Badminton, Barre, Basketball, Cross-Training, Kickboxen, Mixed Cardio, Pilates, Fußball, Gesellschaftstanz, Surfen, Tischtennis, Tennis, traditionelles Krafttraining, American Football, Bogenschießen, Australian Football, Baseball, Bowling, Boxen, Klettern, Klettern, Krickeet, Skilanglauf, Cross-Training, Curling, Disc-Sport, Skilanglauf, Pferdesport, Fechten, Fischen, Fitness-Gaming, Flexibilität, Golf, Gymnastik, Handbike, Handball, Hockey, Jagd, Seilspringen, Lacrosse, Kampfsport, Mind & Body, Paddeln, Picklebody, Tennis, Tennis, Tennis, Tennis, Tennis, Tennis. Körper, Paddeln, Pickleball, Spielen, Rollen, Rugby, Segeln, Schlittschuhlaufen, Schneesport, Snowboarding, Softball, Squash, Treppen, Stufentraining, Tai Chi, Leichtathletik, Volleyball, Wasserfitness, Wasserball und Ringen - haben sie irgendeine Sportart ausgelassen?!

Wenn du eine dieser anderen Sportarten durch Antippen hinzufügst, wird sie in den Trainings angezeigt, sodass du nicht mehr danach suchen musst.

Sie können entweder das Training starten oder Ziele setzen. Um ein Ziel zu setzen (z. B. wie weit Sie laufen möchten), tippen Sie auf die drei Punkte.

Daraufhin werden vier Optionen angezeigt: Offen, Kalorien, Entfernung und Zeit.

Mit diesen Optionen können Sie ein Ziel festlegen. Nehmen wir als Beispiel an, mein Ziel ist es, drei Meilen zu laufen. Ich füge drei Meilen hinzu, tippe dann auf "Beginnen" und die Aufzeichnung beginnt. Ich werde benachrichtigt, wenn ich drei Meilen erreicht habe.

Sobald Sie auf Begin drücken, zählt die Uhr sofort bis zum Start herunter. Während des Trainings füllt sich hier ein Ring, je näher Sie Ihrem Ziel kommen.

Um das Training zu unterbrechen oder zu beenden, drücken Sie einfach fest auf das Display und dann auf Ende oder Pause. Wenn Sie das Training beenden, können Sie durch eine vollständige Zusammenfassung blättern. Sie können die Daten entweder speichern oder verwerfen. Sie werden feststellen, dass einige Trainings mehr Optionen haben als andere; das liegt daran, dass jedes Training anders konfiguriert ist.

Workout-Ansichten

Während Sie trainieren, können Sie in der Workout-App auf der Uhr die digitale Krone drehen und aufschlussreiche Daten zu Ihrer Leistung abrufen: Aktivitätsringe, Herzfrequenzbereich (der Ihnen einen Eindruck davon vermittelt, wie intensiv Sie trainieren), Höhenmeter usw.

Die Workouts können auch mit verschiedenen Erholungsintervallen für unterschiedliche Trainingsarten angepasst werden. Beim Laufen gibt dir deine Uhr sogar ein Feedback, ob du dein Ziel erreichst oder ob du dich noch ein wenig anstrengen musst.

Bei Lauf- oder Radtrainings im Freien können Sie einen Vergleich mit Ihren letzten (oder besten) Zeiten einstellen.

Laufende Leistung

Die Laufleistung ist eine Trainingsübersicht, die auf der Apple Watch SE und der Apple Watch Series 6 und neuer verfügbar ist. Die Apple Watch misst die Anstrengung, die Sie bei Ihrem Lauf aufbringen, und zeigt dann die Menge an Energie an, die Sie aufwenden.

Fitness+

Eine der größten Verbesserungen, die die Apple Watch in den letzten Jahren erfahren hat, ist die Integration von Fitness +.

Es kostet 9,99 $ pro Monat oder 79,99 $ pro Jahr (mit drei kostenlosen Monaten, wenn Sie eine neue Apple Watch kaufen); Fitness+ ist auch in den neuen Apple One Premier Service (29,99 $/Monat) integriert, der Ihnen und Ihrer ganzen Familie Zugang zu allen Apple Services bietet.

Der Dienst funktioniert so, dass Sie die Art des Trainings auswählen, die Sie entweder mit Ihrem Apple TV, iPad oder iPhone durchführen möchten;

dies wird sofort mit Ihrer Uhr synchronisiert. Während das Video-Workout abgespielt wird, sehen Sie also Dinge wie Ihre Herzfrequenz auf dem Video.

Die Workouts ändern sich jede Woche und können mit oder ohne Trainingsgeräte durchgeführt werden. Es gibt Workouts für Anfänger und Fortgeschrittene, und die KI von Apple empfiehlt Ihnen je nach Ihrem Trainingsplan verschiedene Workouts und Trainer.

Sie können die Workouts sogar nach Zeit filtern (von fünf Minuten bis 45 Minuten). Wenn Sie also nur ein paar Minuten Zeit haben, können Sie ein Workout finden, das in Ihren Zeitplan passt.

Wenn Sie Peloton verwendet haben (oder mit Peloton vertraut sind), dann ist das Konzept sehr ähnlich. Der größte Unterschied besteht darin, dass es mit mehreren Geräten (oder gar keinem Gerät) funktionieren kann; das macht es ideal für unterwegs.

Sie können auch die Art der Musik auswählen, die während des Trainings abgespielt wird.

MEDIKAMENTE

Die Erinnerung an die Einnahme Ihrer Medikamente ist auf der Apple Watch ein Kinderspiel. Wenn Sie Erinnerungen benötigen, richten Sie die

Medikamente einfach von Ihrem iPhone aus mit den folgenden Anweisungen ein.

Rufen Sie die Gesundheits-App auf, wählen Sie "Durchsuchen" und tippen Sie dann auf "Medikamente".

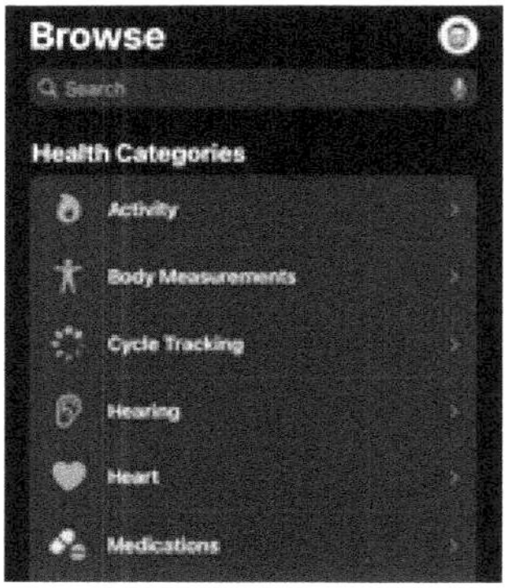

Tippen Sie hier einfach auf die blaue Schaltfläche Medikamente hinzufügen.

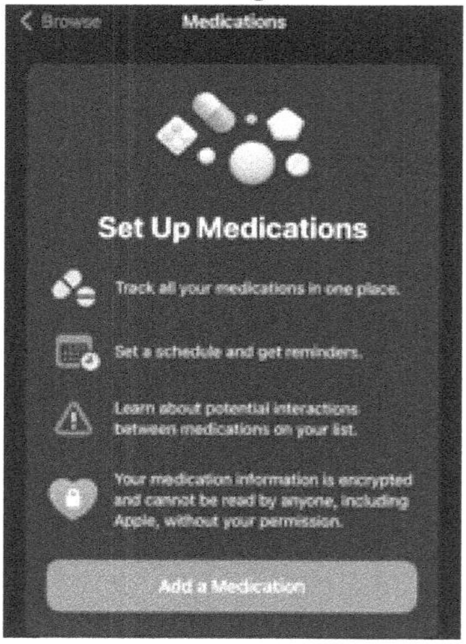

Überprüfen Sie Ihre Herzfrequenz

Um die besten Ergebnisse bei der Herzfrequenzmessung zu erzielen, sollten Sie darauf achten, dass die Uhr eng genug sitzt, um die Haut zu berühren, aber nicht zu eng.

Sie misst Ihre Herzfrequenz, wenn Sie die App laden.

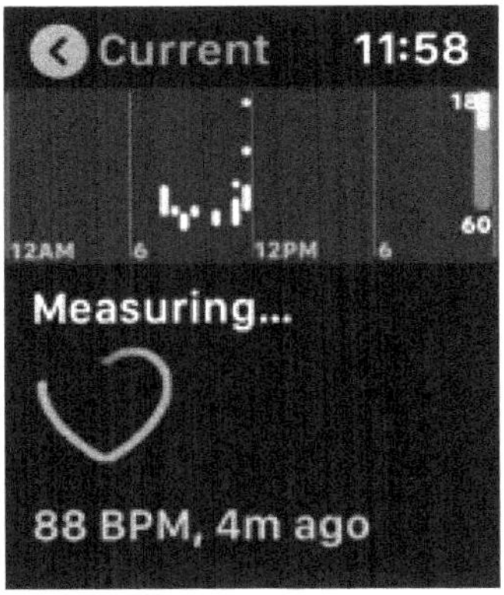

Tippen Sie auf eine der drei Optionen: Aktuelle, Ruhefrequenz oder Durchschnittliches Gehen, um einen Überblick über Ihre Herzfrequenz zu erhalten.

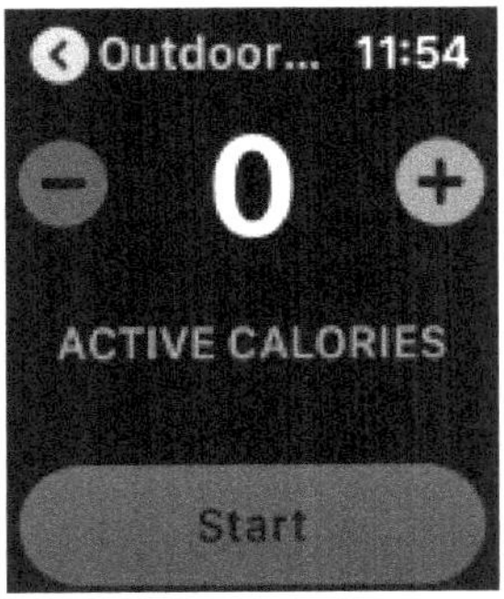

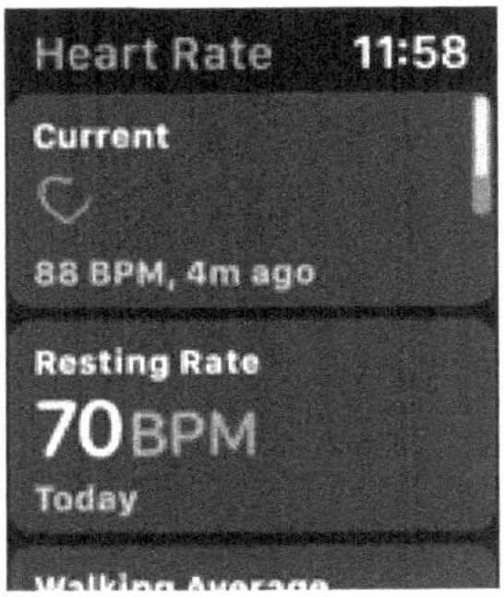

Wenn Sie sich in einem Training befinden, können Sie Ihre Herzfrequenz überprüfen, indem Sie in der unteren Hälfte des Bildschirms für den Trainingsfortschritt streichen.

EKG Verfolgung

EKG (oder Elektrokardiogramm) ist ein Sensor an Ihrer Uhr, der Herzunregelmäßigkeiten erkennen soll.

Das Wichtigste, was man über die EKG Aufzeichnung ist, dass es sich um eine Uhr und nicht um ein medizinisches Gerät handelt. Die Apple Watch ist nicht Ihr Arzt. Sie sollten nicht davon ausgehen, dass es Ihnen gut geht, weil die Uhr sagt, dass es Ihnen gut geht - oder dass Sie einen Herzinfarkt haben, weil die Uhr eine Anomalie erkennt. Die EKG-Aufzeichnung und alle Gesundheitsfunktionen der Uhr sind dazu gedacht, Frühwarnzeichen zu erkennen. Das war's. Sie sind nicht 100 % genau.

Rufen Sie dazu die EKG App auf Ihrer Uhr. Wenn Sie die Uhr fest am Handgelenk tragen, müssen Sie Ihren Finger auf die digitale Krone legen.legen, dann beginnt die Uhr von 30 herunterzuzählen. Sie müssen versuchen, während der Messung 30 Sekunden lang still zu halten.

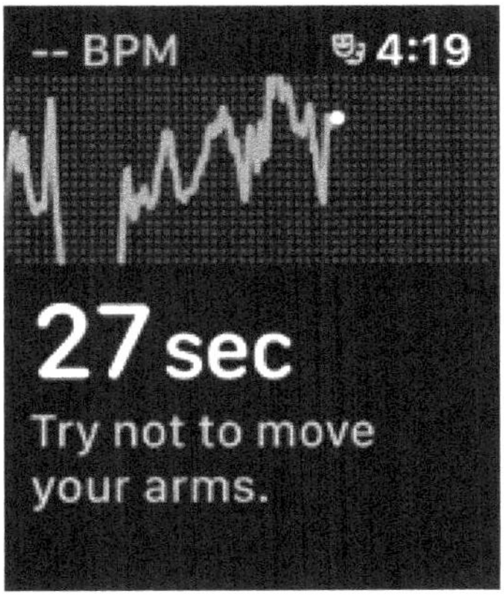

Wenn der Vorgang abgeschlossen ist, werden die Ergebnisse auf der Uhr angezeigt.

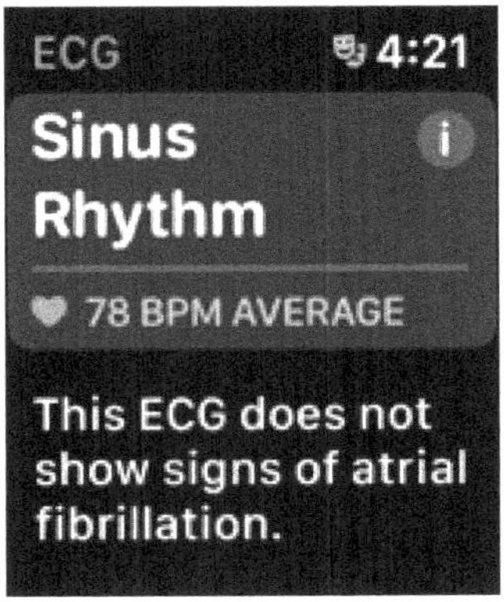

Wie bei allen Gesundheitsmessungen werden diese automatisch mit Ihrem iPhone synchronisiert und in der Health App gespeichert. Sie können den Verlauf der Messungen für alle von Ihnen durchgeführten Messungen einsehen.

AFib-Geschichte

Die Apple Watch beschäftigt sich intensiv mit dem Herzen und verbessert ständig ihre Aufzeichnungen. Die Vorhofflimmern-Historie zeigt Ihnen, wie häufig Ihr Herz eine Arrythmie hat.

Blut-Sauerstoff-Tracking

Die Überwachung des Blutsauerstoffs ist exklusiv für die Apple Watch Series 6 und höher; sie ist außerdem nur für Benutzer über 18 Jahren verfügbar. Wenn Sie die Uhr also für einen Minderjährigen einrichten, kann er sie nicht verwenden.

Der blutige Sauerstoff misst den prozentualen Anteil des Sauerstoffs in Ihren roten Blutkörperchen, der von der Lunge in andere Teile Ihres Körpers transportiert wird.

Wenn Sie die Uhr einrichten, wird eine Option zur Aktivierung angezeigt. Wenn du sie verpasst hast, kannst du sie einrichten, indem du in der Health App aufrufen, auf Durchsuchen gehen und dann Atmung > Blutsauerstoff > Blutsauerstoff einrichten.

Um eine Messung vorzunehmen, rufen Sie die Blutsauerstoff-App auf (wenn sie nicht angezeigt wird und Sie absolut sicher sind, dass Sie die Series 6 und nicht die SE haben, rufen Sie den App Store auf Ihrer Uhr und suchen Sie nach ihr). Sobald Sie auf "Start" tippen, sollten Sie 15 Sekunden lang so ruhig wie möglich bleiben.

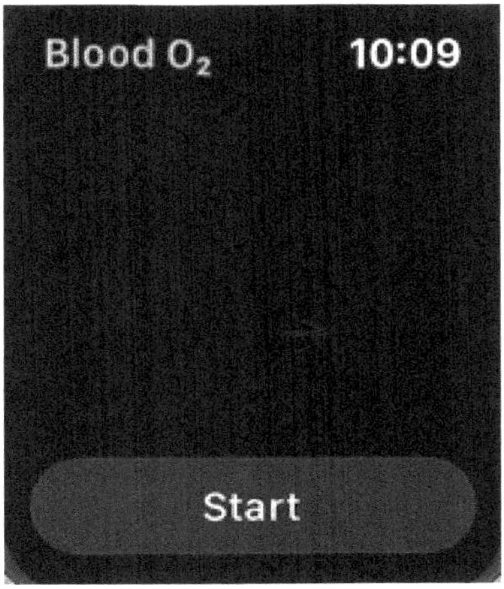

Sobald die Messung abgeschlossen ist, werden die Ergebnisse angezeigt, die auch in der Health App auf Ihrem iPhone gespeichert werden.

NOOCYCLE TRACKING

Zyklus Tracking ist keine App, sondern eine neue Funktion in der Health App Ihrer Uhr. Sie verfolgt Ihren Menstruationszyklus und kann dabei helfen, vorherzusagen, wann Ihre nächste Periode kommt oder wann Ihr fruchtbares Zeitfenster beginnt. (Achten Sie genau auf das Wort "Vorhersage"! Die Uhr sollte natürlich nicht als Geburtenkontrolle verwendet werden.)

Um loszulegen, legen Sie Ihre Uhr ab und öffnen Sie Ihr Handy. Öffnen Sie die Health App, gehen Sie dann zu Cycle Tracking und wählen Sie Erste Schritte.

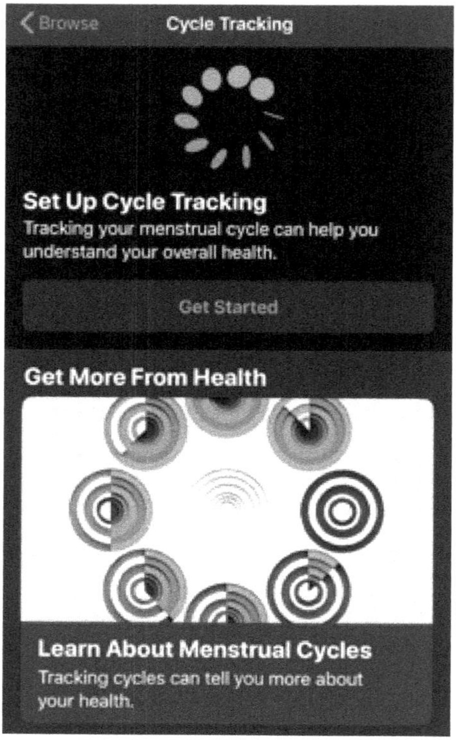

Folgen Sie den Anweisungen und fügen Sie die gewünschten Funktionen hinzu (z. B. Periodenvorhersage und Fruchtbarkeitsvorhersage).

Sobald Sie Ihre Informationen hinzugefügt haben, können Sie damit beginnen, Dinge wie Ihren Flow-Wert oder andere Symptome zu protokollieren.

SCHLAF-TRACKING

Die Schlaferfassung ist für Apple nicht ganz neu; sie wurde bereits vor einiger Zeit für das iPhone eingeführt, aber die Funktion ist neu für die Apple Watch. Wenn du deine Uhr nachts trägst, kann sie verfolgen, wie lange du schläfst (und mitten in der Nacht aufwachst) und dir Ziele setzen, die dir helfen, besser zu schlafen.

Öffnen Sie dazu die Schlaf-App auf der Uhr.

Wenn Sie die App zum ersten Mal verwenden, sehen Sie eine Meldung über die App.

Scrollen Sie ein wenig nach unten, und Sie können die Einstellungen vornehmen, indem Sie der Uhr zunächst mitteilen, wie lange Sie schlafen möchten, und dann ein wenig weiter scrollen und auf die Schaltfläche Weiter tippen.

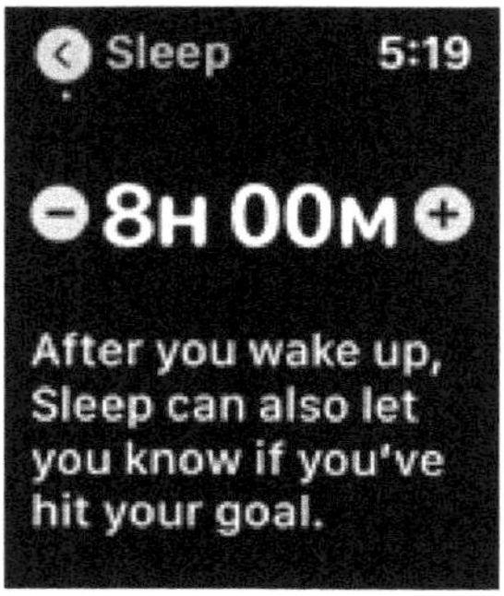

Als Nächstes wird gefragt, wann der Zeitplan aktiv ist, z. B. nur an Wochentagen.

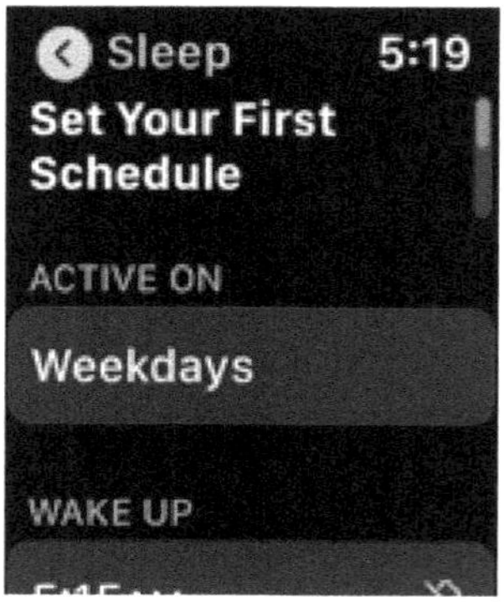

Darin teilen Sie dem Gerät mit, wann Sie idealerweise geweckt werden möchten, und schalten die Taste um, wenn Sie einen Alarm wünschen.

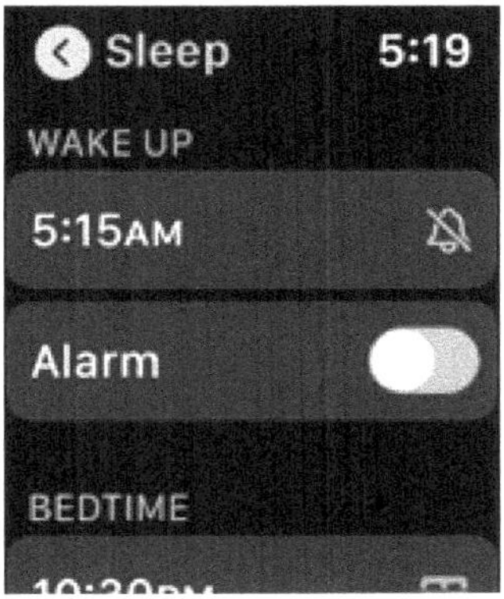

Darunter stellen Sie Ihre Schlafenszeit ein; diese berechnet Ihren Schlaf und sagt Ihnen, ob Sie dieses Ziel erreichen können. Im Beispiel unten heißt es zum Beispiel, dass ich das Ziel um 1 Stunde und 15 Minuten verfehlen werde. Wenn ich es also erreichen will, muss ich meine Schlafenszeit ändern.

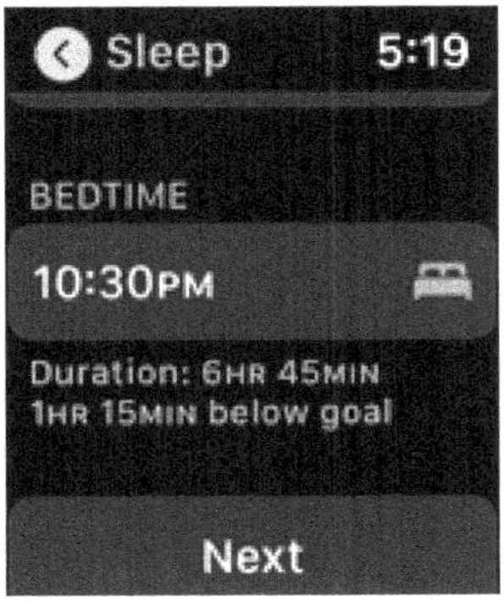

Sobald es eingerichtet ist, sehen Sie eine Zusammenfassung des Zeitplans, und Sie können nach unten scrollen, um es einzuschalten (Tipp: Stellen Sie sicher, dass Ihr Akku vor dem

Schlafengehen aufgeladen ist, wenn Sie den Schlaf überwachen).

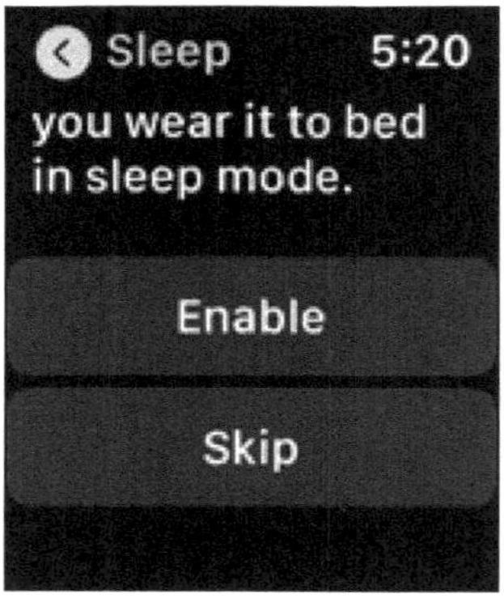

Sie können auch einen "Wind Down"-Zeitplan einrichten, der Ihnen hilft, sich vor dem Schlafengehen zu entspannen.

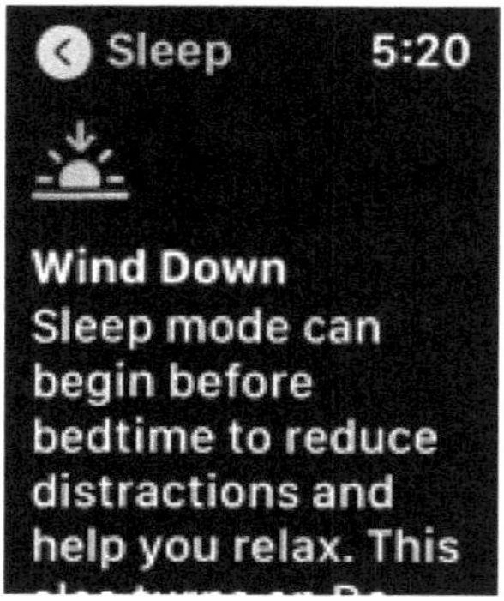

Schließlich können Sie eine Ladeerinnerung aktivieren, die Sie vor dem Schlafengehen daran erinnert, Ihr Gerät aufzuladen, damit Sie genügend Energie haben, um die Nacht zu überstehen.

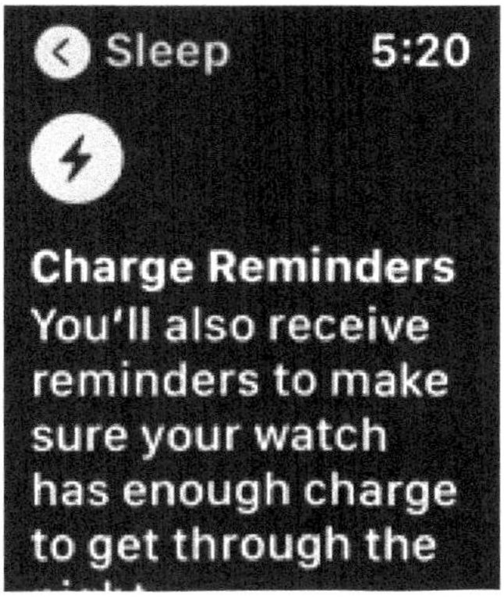

Sie können den Zeitplan jederzeit bearbeiten. Tippen Sie einfach auf den Zeitplan und dann auf die Zeit, die Sie ändern möchten.

SCHLAFSTADIEN

Sleep Stages zeigt Ihnen an, wie lange Sie sich in den verschiedenen Schlafphasen befunden haben (d. h. REM-, Kern- und Tiefschlaf) und wann Sie wach waren. Auf Ihrer Uhr sehen Sie großartige

Einblicke, aber es wird noch umfassender, wenn Sie es auf Ihrem Telefon abrufen.

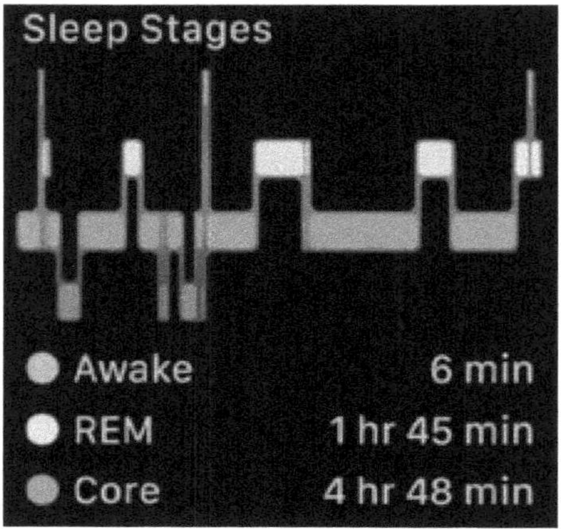

ALARME EINSTELLEN

Wenn Sie einen Alarm einstellen möchten, rufen Sie die Wecker-App auf dem Startbildschirm Ihrer Uhr auf.

Sobald es geöffnet ist, drücken Sie fest auf das Display und tippen Sie dann auf Alarm hinzufügen.

Tippen Sie auf Zeit ändern (denken Sie daran, auch AM / PM zu ändern); Sie können die Stunden und Minuten mit dem Digital Crown können Sie die Stunden und Minuten einstellen. Tippen Sie abschließend auf Einstellen. Sie können auf das "<" in der oberen linken Ecke tippen, um zu den Weckeinstellungen zurückzukehren, wo Sie einen Alarm wiederholen, die Schlummerfunktion aktivieren oder ihn beschriften können.

Um einen Alarm einzustellen, tippen Sie auf die Wecker-App und dann auf den Alarm in der Liste, den Sie ändern möchten. Tippen Sie auf neben dem Wecker, um ihn ein- oder auszuschalten. Sie können einen Wecker löschen, indem Sie auf den Wecker tippen, dann nach unten scrollen und auf Löschen tippen.

Sobald Sie die Uhr zur Schlaferfassung verwendet haben, werden Sie die Ergebnisse in der Health App auf Ihrem iPhone.

Gehen Sie in der App Gesundheit auf die Registerkarte Durchsuchen und wählen Sie dann die Option Schlaf aus.

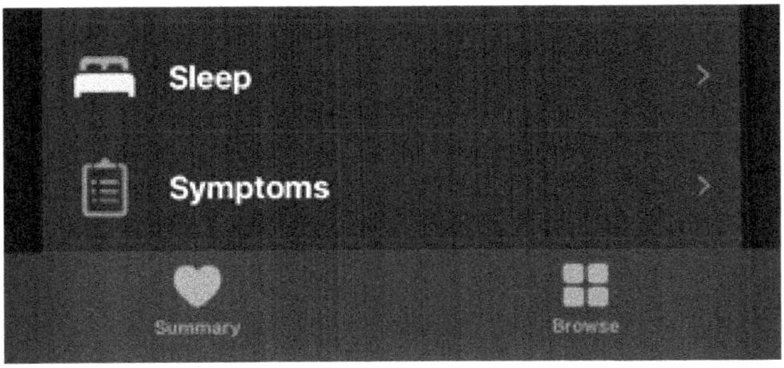

Sie sehen ein Diagramm, das zeigt, wie Sie geschlafen haben; blau ist der Schlaf, und die Lücken sind die Wachphasen.

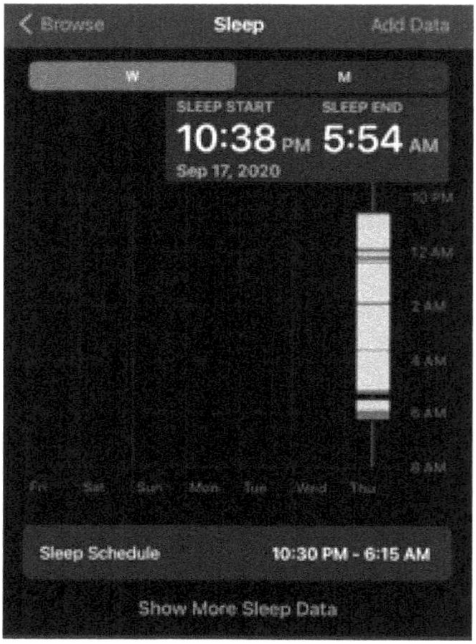

Wenn Sie ein wenig weiter nach unten blättern, sehen Sie Ihre Herzfrequenz im Schlaf.

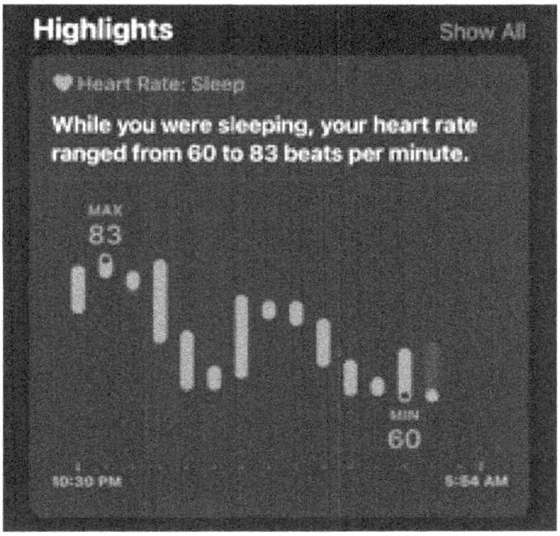

Wenn Sie ganz nach unten gehen, sehen Sie eine Option zum Anzeigen aller Daten.

Dies kann Ihnen noch mehr Aufschluss darüber geben, wie Sie geschlafen haben; vielleicht ist Ihnen gar nicht bewusst, wie oft Sie sich hin- und herbewegen.

Verwenden Sie einen Timer

Um den Timer der Uhr zu verwenden, gehen Sie zur Startseite und tippen Sie auf Timer; Timer können für bis zu 24 Stunden eingestellt werden. Um einen Timer einzustellen, öffnen Sie die App, tippen Sie auf Stunden oder Minuten, drehen Sie die Digitalkrone um die Zeit einzustellen, und tippen Sie anschließend auf Start. Wenn der Timer mehr als 12 Stunden dauern soll, drücken Sie beim Einstellen des Timers fest auf das Display und tippen Sie auf 0-24 Stunden.

Verwenden Sie die Stoppuhr

Wenn Sie die Stoppuhr verwenden möchten, um z. B. die Zeit einer Runde auf der Rennstrecke zu messen, gehen Sie zur Startseite und tippen Sie auf die Stoppuhr App. Um die Uhr zu starten, tippen Sie auf die Schaltfläche Start; tippen Sie auf die Schaltfläche Runde, um die Zeit zu teilen oder eine Runde aufzuzeichnen. Die Zeitmessung wird fortgesetzt, während Sie zwischen den beiden Funktionen wechseln. Wenn Sie fertig sind, tippen Sie auf Zurücksetzen.

Sie können auch das Format für die Stoppuhr wählen. Es gibt vier verschiedene Formate: Analog, Digital, Graph und Hybrid.

HÖRBÜCHER

Apple hat seine beliebte App "Books" noch nicht auf die Apple Watch gebracht - wahrscheinlich, weil Lesen auf der Uhr einfach kein tolles Erlebnis ist. Es gibt Apps von Drittanbietern, die dies tun, wenn es ein Muss ist. Was Apple anstelle eines eigenen Buchladens anbietet, ist die Möglichkeit, Hörbücher anzuhören, die Sie im Apple Books Store gekauft haben.

Die App ist ziemlich einfach: Scrollen Sie zu dem gewünschten Hörbuch und tippen Sie es an.

Von hier aus können Sie das Buch abspielen oder schnell vor- und zurückspulen. Das "1x" in der unteren rechten Ecke passt die Wiedergabegeschwindigkeit an, so dass Sie den Sprecher schneller lesen lassen können.

TASCHENRECHNER

Einfache Berechnungen konnten auf der Uhr mithilfe von Siri in früheren Versionen der Apple Watch durchgeführt werden, aber eine native App fehlte. Viele Leute sind überrascht, dass es so lange gedauert hat, bis diese App auf die Uhr kam. Was auch immer der Grund für die Wartezeit war, sie ist jetzt da, und sie kann mehr, als Sie vielleicht erwarten.

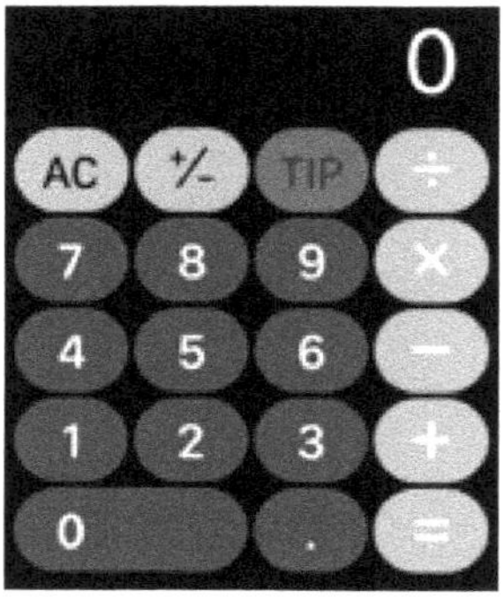

Zusätzlich zu den grundlegenden Berechnungen gibt es eine Schaltfläche Trinkgeld. Damit können Sie schnell sehen, wie viel Trinkgeld Sie geben sollten. Geben Sie die Kosten ein und tippen Sie dann auf die Schaltfläche Trinkgeld. Sie können mit der digitalen Krone können Sie den Prozentsatz anpassen.

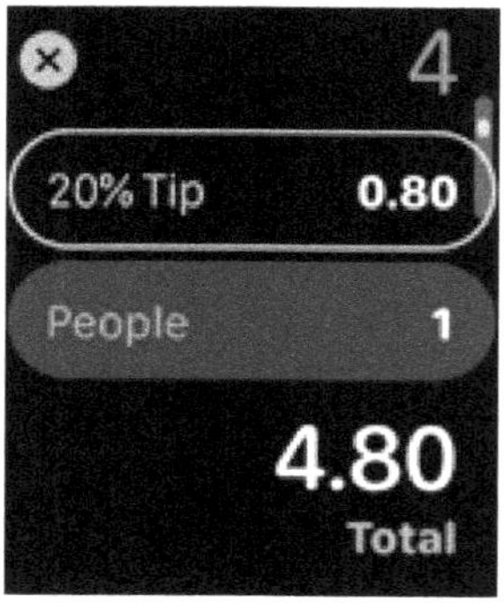

Tippen Sie auf die Schaltfläche Personen unter dem Prozentsatz und Sie können die Rechnung teilen. Verwenden Sie die digitale Krone um einzustellen, wie viele Personen Sie begleiten. Wenn Sie weitere Personen hinzufügen, werden die Kosten für jede Person unterhalb des Endpreises angezeigt.

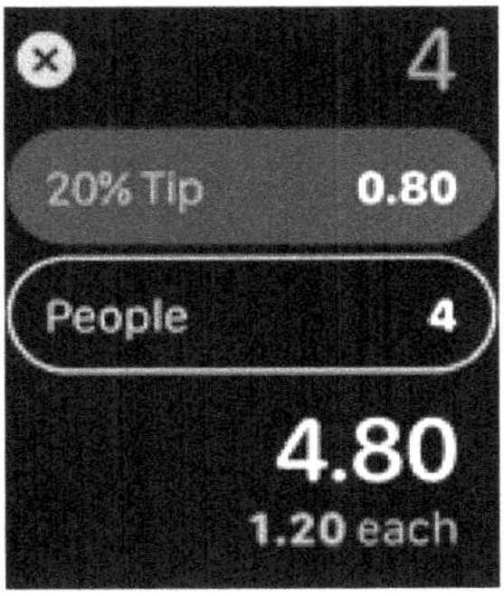

Händewaschen

Okay, lassen Sie uns zuerst über den Elefanten im Raum sprechen: Brauchen wir wirklich eine App, die uns sagt, wie wir unsere Hände waschen sollen? Waschen, einseifen, abspülen, richtig?

Es klingt albern, aber das Erschreckende ist, wie unsachgemäß die meisten von uns vorgehen. Probieren Sie die App aus und sehen Sie, ob Sie tatsächlich durchgängig die vollen 20 Sekunden lang waschen. Laut einer von Apple durchgeführten Studie machen es 95 % von uns nicht richtig. Igitt, nicht wahr? Wenn Sie also das nächste Mal jemandem die Hand schütteln, schauen Sie auf sein Handgelenk, um zu sehen, ob er eine Apple Watch hat, die ihm hilft, es richtig zu machen!

Wenn Sie Mr. Clean sind und keine App brauchen, die Sie daran erinnert, wie perfekt Sie sind, schalten Sie sie einfach aus - und wenn Sie ein Mr. Dirty sind und keine App brauchen, die Sie daran erinnert, können Sie sie ebenfalls ausschalten.

Wie funktioniert die App also? Das Schöne an der App ist, dass sie ohne Ihr Zutun funktioniert. Sobald du sie einschaltest, erkennt sie automatisch, dass du dir die Hände wäschst und startet den Timer.

Um die Funktion zu aktivieren, gehen Sie in die App "Einstellungen" und scrollen Sie dann, bis Sie "Handwäsche" sehen..

Tippen Sie darauf und schalten Sie dann den Timer ein (er wird grün). Das war's. Testen Sie es, indem Sie Ihre Hände waschen.

Wenn Sie den Timer nicht sofort sehen, geben Sie ihm ein paar Sekunden Zeit. Er hört auf Wasser und erkennt die Bewegung, wenn du dir die Hände wäschst. Sobald der Timer startet, siehst du eine Benachrichtigung an deinem Handgelenk und der Timer bleibt auf dem Bildschirm, bis er fertig ist.

Das ist toll, aber woher bekommst du die Statistik darüber, wie unsauber du bist?! Dafür brauchst du dein iPhone.

Gehen Sie zur App Gesundheit Am unteren Rand des Bildschirms befinden sich zwei Registerkarten: Zusammenfassung und Durchsuchen.

Die Wasch-App finden Sie unter Durchsuchen. Sie haben zwei Möglichkeiten, sie zu finden: Suchen Sie nach ihr oder gehen Sie zu Andere.

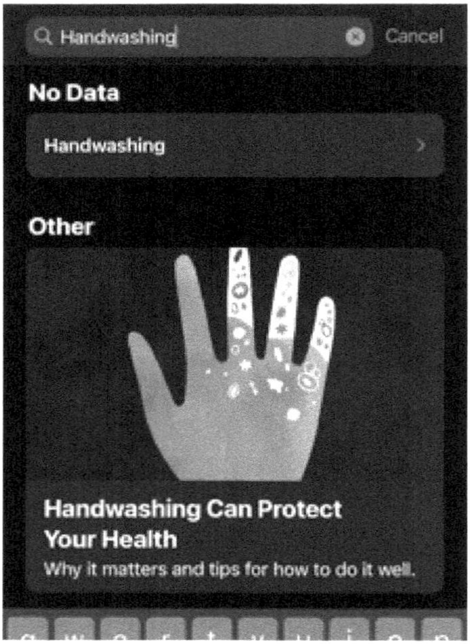

Dadurch werden alle verfügbaren Daten, die die App über Ihre Waschgewohnheiten hat, angezeigt. In meinem Fall: keine! Ich schwöre, ich habe mir die Hände gewaschen! Das untenstehende Bild ist nur ein früher Screenshot.

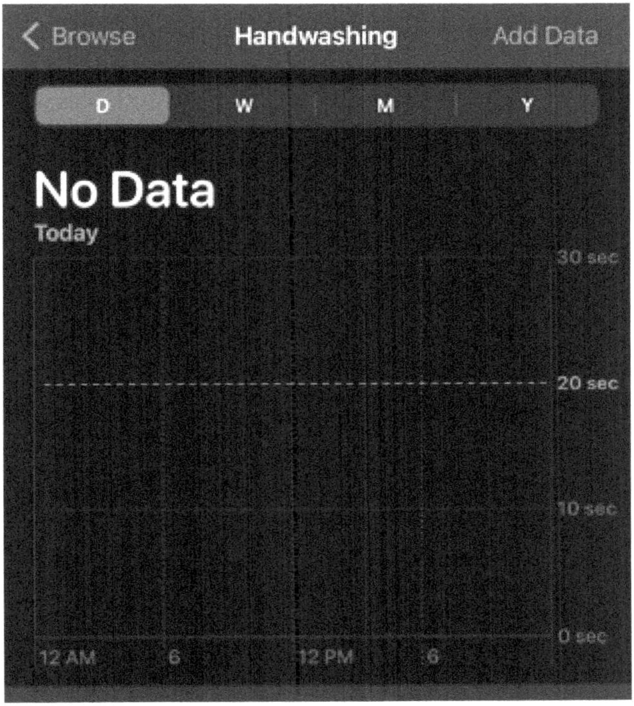

Wenn ich wirklich wollte, könnte ich zu Daten hinzufügen gehen und meine Handwaschzeiten manuell eingeben.

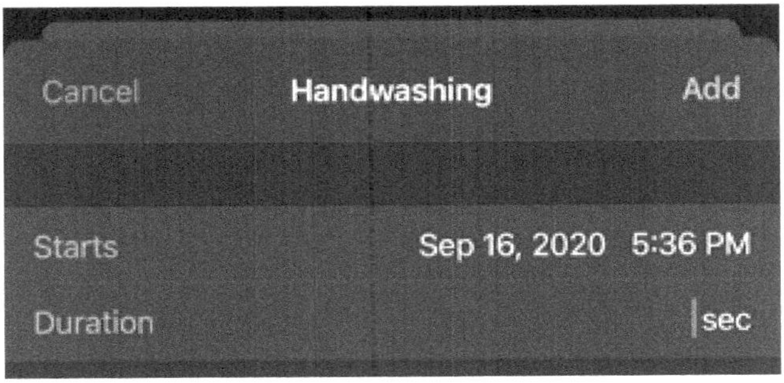

Fernsteuerung

Eine weniger bekannte Tatsache über die Uhr ist, dass sie auch als Fernbedienung für iTunes und Apple TV.

Bevor Sie beginnen, vergewissern Sie sich, dass sowohl Ihre Uhr als auch Ihr Gerät dasselbe Netzwerk verwenden. Wenn Ihr Telefon ein Wi-Fi verwendet und die Uhr ein anderes, funktionieren sie nicht.

Ferngesteuerte Wiedergabe von iTunes

Wenn Sie die Uhr als Fernbedienung für iTunes verwenden möchten auf Ihrem Mac verwenden möchten, öffnen Sie die App "Remote" und tippen Sie auf "Gerät hinzufügen" (+).

In iTunes auf Ihrem Computer auf die Schaltfläche "Remote" am oberen Rand des iTunes-Fensters. Sie werden dann aufgefordert, den vierstelligen Code einzugeben, der jetzt auf Ihrer Uhr angezeigt wird. (Hinweis: Wenn Sie in iTunes nach der Schaltfläche "Remote" suchen, bevor Sie auf "Gerät hinzufügen" auf der Apple Watch tippen, müssen Sie lange warten - sie erscheint erst, nachdem Sie auf "Gerät hinzufügen" getippt haben; stellen Sie außerdem sicher, dass iTunes aktuell ist).

Crash-Erkennung

Eine Sache, die die Apple Watch besonders gut kann, ist Leben retten. Mit der Crash Detection (verfügbar für die Series 8, die zweite Generation der SE und die Ultra) kann deine Uhr erkennen, ob du einen Autounfall hast, und die Rettungskräfte alarmieren, wenn du nicht ansprechbar bist. Das Ziel ist es, schwere Kollisionen zu erkennen, damit Sie sich keine Sorgen machen müssen, dass die Sanitäter kommen, wenn Sie ein bisschen zu weit in die Garage zurückfahren.

Wenn das Undenkbare passiert, wird Ihre Uhr Sie benachrichtigen, dass Sie einen Unfall hatten. Wenn Sie die Benachrichtigungen nicht innerhalb von 20 Sekunden abstellen, wird eine Nachricht an den Rettungsdienst gesendet, um Hilfe zu schick- en.

Das Ein- und Ausschalten der Funktion ist ganz einfach. Rufen Sie die App "Einstellungen" auf der Apple Watch auf, gehen Sie dann zu "SOS" > "Ab- sturzerkennung" und schalten Sie die Funktion ein oder aus.

Fernbedienung für Apple TV

Wenn Sie die Uhr als Fernbedienung für iTunes verwenden möchten auf Ihrem Apple TVÖffnen Sie die App "Remote" und tippen Sie dann auf "Gerät hinzufügen" (+). (Hinweis: Denken Sie daran, dass Sie das gleiche Wi-Fi Netzwerk verwenden.)

Auf Ihrem Apple TV gehen Sie zu Einstellungen, dann Allgemein und schließlich Fernbedienung und wählen Sie die Apple Watch aus; geben Sie den Passcode ein, der derzeit auf Ihrer Uhr gespeichert ist.

Walkie-Talkie

WatchOS 5 macht es mit seiner Walkie-Talkie-Funktion viel einfacher, mit Menschen in der Nähe zu kommunizieren. Funktion. Um die Funktion zu nutzen, müssen beide Personen eine Apple Watch Series 1 oder höher und WatchOS 9 haben. Sie müssen auch FaceTime einschalten aktivieren, da Sie FaceTime Audio verwenden werden.

Leider ist diese Funktion nicht in allen Ländern verfügbar.

Wenn Sie die App zum ersten Mal verwenden, müssen Sie Freunde hinzufügen. Öffnen Sie die App. Tippen Sie auf . und wählen Sie dann einen Kontakt aus.

Jetzt warte mal. Es ist nicht wie bei einem Telefonanruf, bei dem Sie sofort mit Ihrem Freund verbunden werden. Die Person muss Ihnen erst die Erlaubnis geben, sie zu erreichen. Es bleibt so lange grau, bis die Person zustimmt. Sobald die Person zustimmt, können Sie sofort mit dem Gespräch beginnen.

Um einen Freund zu entfernen, öffnen Sie die Walkie-Talkie App, wischen Sie bei dem Freund nach links und tippen Sie dann auf . Oder öffnen Sie die Apple Watch App auf Ihrem iPhone, tippen Sie auf Walkie-Talkie > Bearbeiten, auf und tippen Sie dann auf Entfernen.

Um ein Gespräch zu beginnen, öffnen Sie einfach die App, tippen Sie auf den Namen des Freundes (nachdem er akzeptiert hat) und warten Sie, bis die Verbindung hergestellt ist (der Freund muss die Uhr tragen). Sobald die Verbindung hergestellt ist, tippen Sie auf "Sprechen" und sagen Sie etwas, und lassen Sie dann los, wenn Sie fertig sind.

Mit der digitalen Krone können Sie die Lautstärke erhöhen und verringern..

Wenn Sie nicht mehr über diese Funktion sprechen möchten, öffnen Sie sie einfach und schalten Sie sie aus; wenn ein Kontakt versucht, Sie zu erreichen, wird er sagen, dass Sie nicht verfügbar sind.

Wenn Sie den Lautlos-Modus einschalten, können Sie die Stimme des Gesprächspartners und die Glockentöne, die ankommen, weiterhin hören. Wenn Sie den Theatermodus oder die Funktion "Nicht stören einschalten, sind Sie für Gespräche nicht mehr verfügbar.

Familie einrichten

Wenn Sie ein Kind haben und es sicher und vernetzt halten möchten, ihm aber noch kein Telefon geben wollen, ist die Apple Watch jetzt für viele Familien eine echte Option.

Family Setup ermöglicht es Kindern, eine Telefonnummer zu haben, aber auf einem Gerät, das keinen Internetbrowser und keine anderen Anwendungen hat, die Sie vielleicht für unangenehm halten würden.

Außerdem können Sie kontrollieren, wen sie anrufen und was genau sie tun können.

Der Haken an der Sache (abgesehen davon, dass man eine weitere Uhr kaufen muss) ist, dass sie nur mit der Apple Watch Series 4 oder neuer funktioniert und dass man einen Mobilfunkvertrag braucht, um alle Funktionen nutzen zu können.

Die Einrichtung erfolgt wie bei jeder anderen Apple Watch. Wenn du eine alte Apple Watch verwendest, musst du sie auf die Werkseinstellungen zurücksetzen.

Wenn du Apple Watch einschaltest, um die Uhr zu koppeln, wählst du "Für ein Familienmitglied einrichten".

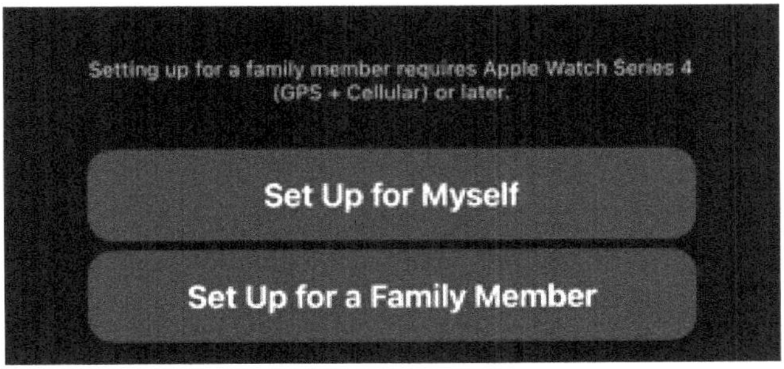

Als Nächstes wird ein Kasten mit Informationen über die Familieneinrichtung angezeigt.

Sobald Sie den Bedingungen zugestimmt und die Uhr gekoppelt haben, werden Sie aufgefordert, die Familienmitglieder auszuwählen, die das Gerät verwenden. Wenn Sie sie nicht sehen, tippen Sie auf "Neues Familienmitglied hinzufügen".

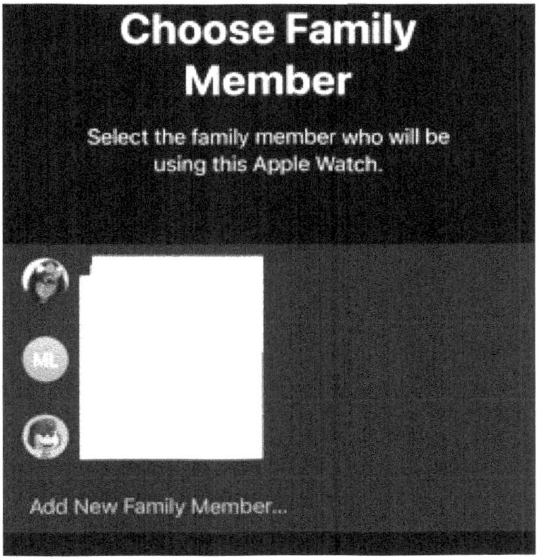

Wenn Sie eine neue Person hinzufügen, müssen Sie eine Reihe von Schritten ausführen. Dabei handelt es sich lediglich um Fragen dazu, was Sie freigeben und was aktiviert werden soll.

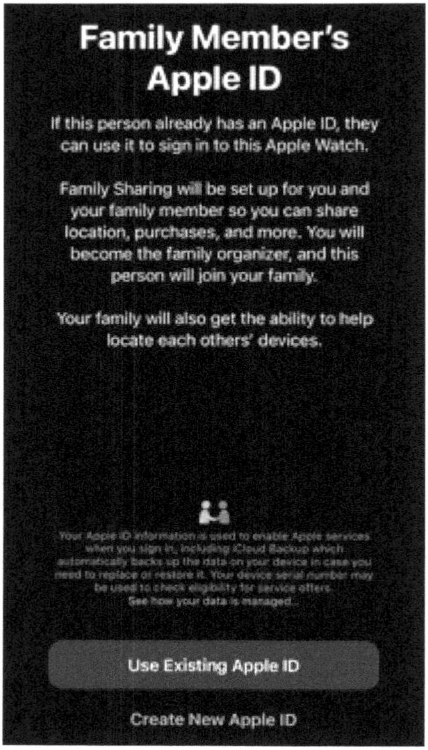

Eine ziemlich coole Funktion der Familieneinrichtung ist Apple Cash Family; damit können Sie Apple Pay mit diesem Familienmitglied teilen; so können Sie ihnen Zugang zu 20 Dollar geben, die sie für Lebensmittel oder andere Dinge verwenden können. Es funktioniert wie Apple Pay auf dem Telefon - sie tippen ihre Uhr an ein Kartenlesegerät, das es akzeptiert, und das Geld wird abgebucht.

Der letzte Punkt, nach dem Sie gefragt werden, ist das Einschalten der Schulzeit. Ich behandle die Schulzeit im nächsten Abschnitt, aber wenn Sie einen Zeitplan einrichten wollen, können Sie das hier tun.

Schulzeit

Wenn Sie auf dem Gerät eines Kindes das Familien-Setup aktiviert haben, können Sie mit Schooltime Zeitpläne erstellen. So können Sie zum Beispiel festlegen, dass Schooltime von 9 bis 15 Uhr eingeschaltet ist; während dieser Zeit sind die Funktionen der Uhr eingeschränkt, sodass ein Kind nicht spielen kann, während es eigentlich lernen sollte.

Das Kind kann den Schulzeitmodus kurz verlassen, um z. B. Nachrichten abzurufen, indem es die Digitalkrone dreht und bestätigt, dass es den Modus verlassen möchte. Der Modus schaltet sich automatisch wieder ein, wenn das Kind fertig ist.

Sie können auch einen vollständigen Verlauf sehen, wann und wie lange das Kind den Modus ausgeschaltet hat.

Schooltime ist mit der Apple Watch Series 4 und höher (und der Apple Watch SE) kompatibel. Wenn Sie also Ihrem Kind eine ältere Uhr schenken möchten, während Sie sich eine neue kaufen, stellen Sie sicher, dass es sich um eine 4 und höher handelt - um die Funktionen optimal nutzen zu können, benötigen Sie auch das Mobilfunkmodell. Wenn Sie nur das Wi-Fi Modell haben, können Sie es "technisch" immer noch verwenden, aber es fehlen die meisten der wichtigsten Funktionen, insbesondere eine Telefonnummer für das Gerät.

Wenn Sie Ihrem Kind eine ältere Uhr für die Familieneinrichtung geben möchten, müssen Sie sie auf die Werkseinstellungen zurücksetzen und als neues Gerät einrichten.

Um einen Schooltime-Zeitplan einzurichten, öffnen Sie die Watch-App auf Ihrem iPhone und tippen Sie dann auf die Uhr Ihres Kindes. Wenn Sie sie nicht sehen, haben Sie wahrscheinlich noch nicht die Familieneinrichtung eingerichtet, also lesen Sie in diesem Abschnitt nach, wie das geht. Tippen Sie als Nächstes auf Schulzeit und wählen Sie dann Zeitplan bearbeiten. Hier können Sie die Tage und Uhrzeiten auswählen, an denen die Uhr aktiv sein soll. Sie können auch Pausen hinzufügen, d. h., wenn Sie möchten, dass Ihr Kind in der Pause vollen Zugriff auf die Uhr hat, können Sie dies hier bearbeiten. Wenn Sie den Zeitplan ändern müssen, befolgen Sie die obigen Schritte, tippen Sie jedoch auf die Informationsschaltfläche neben der verwalteten Uhr und dann auf Schulzeit und Zeitplan bearbeiten.

Wenn Sie kein Familien-Setup für das Gerät durchgeführt haben, aber dennoch die Idee des Modus mögen, können Sie ihn manuell einschalten, indem Sie nach oben streichen und auf den kleinen Mann tippen, der seine Hand hebt. Sie schalten ihn auf dieselbe Weise wieder aus.

Um Schooltime auf Ihrer eigenen Apple Watch zu verwenden, benötigen Sie WatchOS 7 oder höher.

Teilen bedeutet Fürsorge

Sie können Watch Faces schnell teilen, aber das ist noch nicht alles. Auch das Teilen von Fotos ist nur ein paar Fingertipps entfernt. Gehen Sie zur Fotos-App, suchen Sie das Foto, das Sie teilen möchten, und öffnen Sie es; tippen Sie auf das Foto und Sie sehen ein Teilen-Symbol.

Sie können es per SMS oder E-Mail weitergeben oder sogar ein Watch Face damit erstellen.

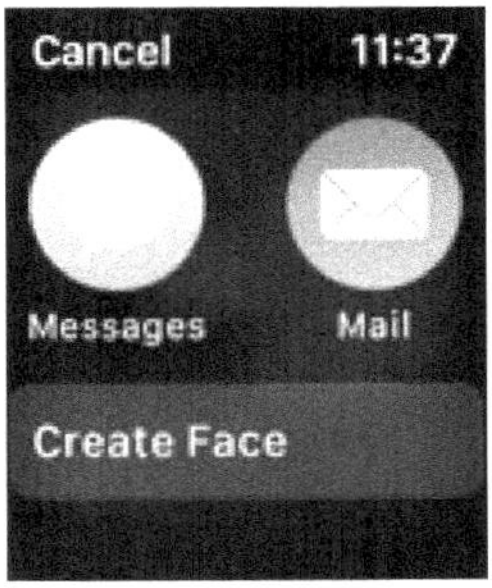

Sie können dies auch mit Musik tun, die Sie abspielen.

NACHT-MODUS

Der Nachtmodus ist exklusiv für die Apple Watch Ultra; er invertiert die Farben, um ein Erlebnis zu schaffen, das nicht so hell ist und das Ablesen und Verwalten der Zeit erleichtert.

Bei schlechten Lichtverhältnissen können Sie die digitale Krone drehen, um sie zu aktivieren.

Während der Modus auf der Standarduhr nicht vorhanden ist, gibt es auf der Standard-Apple-Watch einen Nachttischmodus, mit dem Sie die Zeit auf Ihrem Nachttisch anzeigen können.

SOS-Sirene

Die SOS-Sirene ist nur auf der Apple Watch Ultra verfügbar. Wie die Sirene auf dem iPhone, lässt die Sirene, wenn sie aktiviert ist, deine Uhr eine laute Sirene ertönen, die aus einer Entfernung von über 500 Fuß gehört werden kann!

Zum Aktivieren halten Sie die Aktionstaste gedrückt, bis sie aktiviert ist.

[8]

WAS SOLLTE ICH SONST NOCH WISSEN ?

Dieses Kapitel behandelt:

- Zugänglichkeit Merkmale
- So pflegen Sie die Apple Watch
- So setzen Sie die Apple Watch zurück
- Wie man die Apple Watch aktualisiert

Wie jedes Apple-Produkt verfügt auch die Apple Watch über Funktionen, die Menschen mit Behinderungen den Zugang erleichtern.

Um auf die Funktionen zuzugreifen, gehen Sie auf Ihrem iPhone zur Apple Watch App, dann zu Meine Uhr, dann zu Allgemein und schließlich zu Erreichbarkeit.

VoiceOver

VoiceOver hilft dir, die Uhr zu bedienen, auch wenn du sie nicht sehen kannst. Es liest dir alles vor, was auf der Uhr steht. Du kannst es aktivieren, indem du auf der Startseite der Uhr die App "Einstellungen" aufrufst, dann "Allgemein", "Eingabehilfenund schließlich VoiceOver.

Wenn VoiceOver eingeschaltet ist, kannst du deinen Finger auf dem Display bewegen und dir den Namen jedes Elements anhören, das du berührst. VoiceOver verwendet auch andere Gesten: Du kannst zurückgehen, indem du mit zwei Fingern ein "Z" auf dem Display zeichnest. Um eine App zu öffnen, tippst du doppelt auf sie, anstatt einfach zu tippen. Um das Vorlesen von VoiceOver zu unterbrechen, tippst du mit zwei Fingern auf das Display; tippst du erneut mit zwei Fingern, wird die Wiedergabe fortgesetzt.

Wenn du deine Uhr zum ersten Mal einrichtest, kannst du auch VoiceOver ebenfalls verwenden. Wenn Sie die Uhr zum ersten Mal einschalten, drücken Sie den seitlichen Knopf; nachdem sie sich eingeschaltet hat, klicken Sie dreimal auf den Knopf der digitalen Krone Drehknopf.

VERGRÖßERN

Die Uhr hat ein kleines Display - vielleicht sogar kleiner, als Sie es sich vorgestellt haben - daher ist es verständlich, dass Sie das Display etwas größer haben möchten. Wenn das der Fall ist, rufen Sie die App "Einstellungen" auf und aktivieren Sie "Allgemein", "Eingabehilfenund Zoom.

Um bei aktiviertem Zoom ein- oder auszuzoomen, tippen Sie mit zwei Fingern doppelt auf das Display. Um die Anzeige zu verschieben (oder zu schwenken), ziehen Sie mit zwei Fingern.

FETTGEDRUCKTER TEXT

Das Setzen von Text in Fettschrift ist eine weitere Möglichkeit, das Lesen des Textes auf Ihrem Bildschirm zu erleichtern. Sie können den Text fett formatieren, indem Sie die App "Einstellungen" auf der Startseite aufrufen, dann auf "Allgemein und Eingabehilfen" tippen tippen und die Option Fettschrift aktivieren; die Uhr muss neu gestartet werden, bevor dies in Kraft tritt.

HANDHABUNG

ENTFERNEN VON DER BÄNDER

Um ein Band zu wechseln, drücken Sie die Bandentriegelungstaste an der Apple Watch und schieben Sie das Band hinüber, dann schieben Sie das neue Band ein. Sie sollten ein Band niemals mit Gewalt in den Schlitz schieben, da es sonst stecken bleiben könnte.

Es wird empfohlen, das Band so anzulegen, dass es eng an der Haut anliegt, aber nicht so eng, dass es das Handgelenk einklemmt.

BANDWAGENE

Apple empfiehlt, die Lederteile von Armbändern mit einem nicht scheuernden, fusselfreien Tuch zu reinigen, das bei Bedarf mit Wasser angefeuchtet wird. Das Armband sollte während der Reinigung nicht an der Uhr befestigt sein. Lassen Sie das Armband nach der Reinigung trocknen, bevor Sie es wieder an der Uhr befestigen. Bewahren Sie das Leder nicht in direktem Sonnenlicht, bei hohen Temperaturen oder hoher Luftfeuchtigkeit auf; Sie sollten das Leder auch nicht in Wasser einweichen, da es nicht wasserfest ist.

Für alle anderen Bänder empfiehlt Apple, die Reinigung auf die gleiche Weise vorzunehmen, allerdings sollte das Band mit einem nicht scheuernden, fusselfreien Tuch getrocknet werden.

EIN WENIG FORTGESCHRITTENER

Erzwungener Neustart der Apple Watch

In sehr seltenen Fällen kann es vorkommen, dass die Apple Watch einfriert oder zwangsweise neu gestartet werden muss. Sollte dies einmal der Fall sein, halten Sie die Seitentaste und den Digital Crown gleichzeitig für zehn Sekunden gedrückt. Wenn das Apple-Logo erscheint, können Sie loslassen.

Zurücksetzen der Einstellungen der Uhr

Wenn Sie die Einstellungen der Uhr zurücksetzen und die Uhr wie neu machen möchten (denken Sie daran, dass dabei alles gelöscht wird), gehen Sie vom Startbildschirm aus zur App "Einstellungen", dann zu "Allgemein", "Zurücksetzen" und schließlich zu "Alle Inhalte und Einstellungen löschen". Nach dem Zurücksetzen müssen Sie die Uhr erneut mit Ihrem Telefon koppeln. Achten Sie darauf, dass Sie dies tun, wenn Sie Ihre Uhr oder Ihr Telefon verkaufen oder verschenken, da Ihre wichtigen Informationen (z. B. Kreditkarten) andernfalls für diese Person zugänglich sind.

Erhalten Sie Ihre Uhren-DNA

Wenn Sie wissen möchten, welche Modellnummer Ihre Uhr hat, welche Softwareversion sie hat, welche Seriennummer sie hat oder welche Kapazität sie hat, gehen Sie auf der Startseite zur App

"Einstellungen" und dann zu "Allgemein" und "Info".

Update Apple Watch Software

Ähnlich wie beim iPhone und iPad werden Aktualisierungen der Apple Watch Software per Funk durchgeführt, d. h., Sie müssen nichts einstecken.

Um zu sehen, ob es eine Aktualisierung gibt, öffnen Sie die Apple Watch App auf dem iPhone, tippen Sie dann auf "Meine Uhr", "Allgemein" und schließlich auf "Software-Updates".. Sie erfahren dann, ob es eine Aktualisierung gibt, und müssen nur noch den Schritten folgen. Updates werden nicht sehr oft durchgeführt - normalerweise nur eine Handvoll Mal pro Jahr.

[9]
UHRENZUBEHÖR

UHRENARMBÄNDER & ZUBEHÖR

Was ist eine Uhr ohne ihr Armband? Im Gegensatz zu herkömmlichen Armbändern ist es bei der Apple Watch bemerkenswert einfach, die Armbänder zu wechseln. Und im Gegensatz zu allen anderen Apple-Produkten haben Sie viele Möglichkeiten. Normalerweise gibt es ein Apple-Produkt in zwei oder drei Farben, aber bei den Uhren gibt es mehrere Dutzend Möglichkeiten, sie zu kombinieren.

Im Folgenden finden Sie eine Übersicht über die verschiedenen Optionen, die Ihnen zur Auswahl stehen. (Hinweis: Beachten Sie beim Kauf eines Armbands, dass ein 42-mm-Armband nicht mit einer 38-mm-Uhr kompatibel ist und umgekehrt). Wenn nicht anders angegeben, sind alle Armbänder sowohl in 38 als auch in 42 mm erhältlich. Einige Armbänder sind nicht für alle Größen geeignet.

Offizielle Bands und Zubehör

Solo-Schleife

Manche Menschen sind keine Fans von Uhrenschnallen; wenn das auf Sie zutrifft, dann könnte die Solo Loop eine gute Wahl sein. Sie besteht aus dehnbarem Gummi, so dass sie einfach angelegt werden kann. Sie ist in verschiedenen Größen erhältlich und Sie sollten vor dem Kauf Maß nehmen, um sicherzustellen, dass Sie die beste Passform erhalten.

Geflochtene Solo-Schleife

Der Braided Solo Loop ähnelt dem Solo Loop, hat aber einen geflochtenen Look. Er wird ebenfalls über das Handgelenk gestülpt, es gibt also keine Schnallen.

Sport Band

Es ist in den Farben Schwarz, Spacegrau, Weiß, Rosa, Blau und Grün erhältlich. Das Band ist offensichtlich am besten für das Training geeignet; es ist auch das günstigste verfügbare Band. Es besteht aus Fluorelastomer, einem synthetischen Kautschuk, der dafür bekannt ist, dass er bei Hitze gut funktioniert. Da es für dieses Band keine Einheitsgröße gibt, hilft Ihnen die nachstehende Tabelle bei der Wahl der richtigen Größe:

Klassische Schnalle

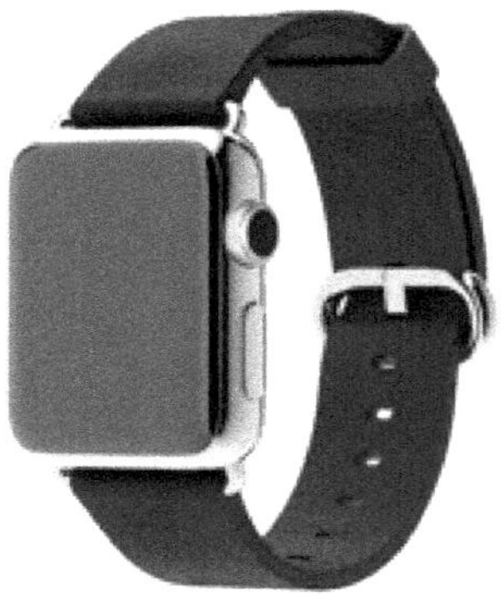

Dieses Band wird aus niederländischem Leder aus einer Gerberei in den Niederlanden hergestellt. Apfel verspricht die Mühle gibt es eine unverwechselbare Textur. Der Verschluss ist aus rostfreiem Stahl gefertigt.

MAILÄNDER SCHLEIFE

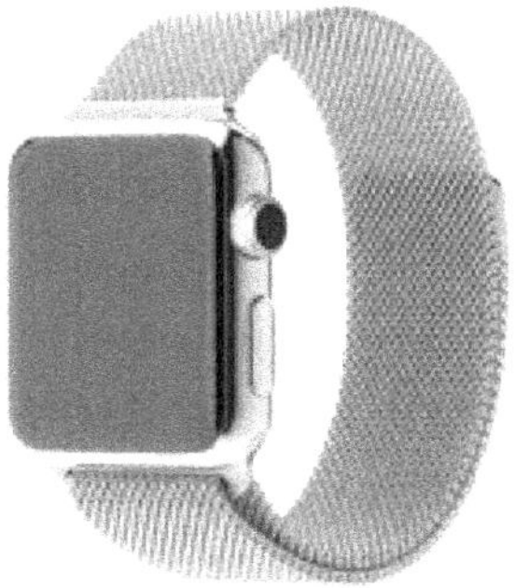

Apple sagt, dass die Inspiration für dieses Edelstahl-Meshband ein Meshband aus dem Mailand des 19. Jahrhunderts war. Das Band ist komplett magnetisch und einfach anzulegen.

MODERNE SCHNALLE

Drei Größen: klein, mittel und groß.

Es ist in den Farben Braun, Schwarz, Rosa und Mitternachtsblau erhältlich. Das Leder für dieses atemberaubende Band stammt aus einer französischen Gerberei, die 1803 gegründet wurde. Wie unterscheiden sich das moderne und das klassische Armband? Das Leder ist etwas anders, aber der auffälligste Unterschied ist die Schließe. Das klassische Band ist mit Löchern versehen, während das moderne Band mit einem Magnetverschluss ausgestattet ist, der eine präzisere Passform ermöglicht. Da es bei diesem Band keine Einheitsgröße gibt, hilft Ihnen die unten stehende Tabelle, die richtige Wahl zu treffen:

GLIEDERARMBAND

Dieses Edelstahlband ist eines der teuersten und komplexesten Bänder und besteht aus über 100 Teilen. Apple behauptet, dass die Handwerkskunst so komplex ist, dass es neun Stunden dauert, ein einziges Gehäuse zusammenzusetzen. Der Magnetverschluss ist eine Einheitsgröße für alle.

Lederschlaufe

Nur für das 42-mm-Band erhältlich.

Es ist in den Farben Stein, Hellbraun, Hellblau und Schwarz erhältlich. Das aus Venezia-Leder gefertigte und in Arzignano, Italien, handgefertigte Band fühlt sich weich und vergoldet an. Die magnetische Schlaufe ist leicht anzulegen. Da es keine Einheitsgröße für dieses Band gibt, hilft Ihnen die unten stehende Tabelle bei der richtigen Wahl:

Apple Watch Magnetische Aufladung Kabel

($29 für 1m Kabel; $39 für 2m Kabel)

Apple hat nur ein einziges offizielles Zubehörteil für die Apple Watch angekündigt, und zwar ein zusätzliches Ladegerät (eines liegt der Uhr kostenlos bei).

INDEX

Über den Autor

Scott La Counte ist Bibliothekar und Schriftsteller. Sein erstes Buch, *Quiet, Please: Dispatches from a Public Librarian* (Da Capo 2008) war die Wahl des Herausgebers der Chicago Tribune und ein Entdeckungstitel der Los Angeles Times; 2011 veröffentlichte er das Jugendbuch The N00b Warriors, das ein Amazon-Bestseller wurde; sein jüngstes Buch ist *#OrganicJesus: Finding Your Way to an Unprocessed, GMO-Free Christianity* (Kregel 2016).

Er hat Dutzende von Bestsellern mit Anleitungen zu technischen Produkten geschrieben. Er lehrt UX Design an der UC Berkeley und Schreiben am Gotham Writers Workshop.

Sie können ihn unter ScottDouglas.org erreichen.